독재자와
산다는것

Contents

추천사 8 서문 12

1 용의 불 16
고든 창과의 대담
세계 지배 20 전쟁은 불가피한가? 25
코로나19의 기원(起源) 27 미국의 실패 28
정치적 전쟁과 상호주의 31 7대 계획 33 미국을 구출해야 35
고든 창 후기 36 프랭크 개프니의 요약 37

2 한반도의 거짓 평화 40
고든 창과의 대담
한국전쟁 45 한국의 입장 47 중국의 對北 영향력 49
北中 동맹 52 한반도의 가짜 평화 54 한국인들의 염원 57
고든 창 후기 61 프랭크 개프니의 요약 61

3 북한을 폭로하다 64
그레그 스칼라튜와의 대담
개인적인 사명 69 영원한 독재는 없다 72
무자비한 김씨 정권에 대한 위협 75 중국과 북한의 공생(共生) 78
왕조를 통치하다 81 인권에 관심을 가져야 하나? 82
그레그 스칼라튜 후기 84 프랭크 개프니의 요약 85

4 인간성에 대한 유린 88
그레그 스칼라튜와의 대담
평화에 대한 전망 92 동맹의 중요성 94 폭력적 정권 96
평화라는 망상 98 가짜 외교 100 인권·정체성·가치 102
진전을 위한 유일한 길은 인권이다 105 그레그 스칼라튜 후기 105
프랭크 개프니의 요약 106

5 북한 내부의 급격한 변화 110
수잔 숄티와의 대담
힘을 통한 평화 115 급격한 변화 118
탈북자들의 비극적 운명 121 잡히지 않은 탈북자들 124
여성 사업가와 장마당 126 육해공(陸海空) 정보 전달 128
수잔 숄티 후기 135 프랭크 개프니의 요약 137

6 북한의 개혁 140
수잔 숄티와의 대담
정보의 힘 144 자유를 듣다 146 정권이 만든 비참함 149
한국을 약화시키다 152 지옥의 불구덩이에서 나온 변종 154
완전히 이기적인 정권 157 북한의 개혁 159 수잔 숄티 후기 164
프랭크 개프니의 요약 165

Contents

7 정의(正義) 부정 168

모르스 단과의 대담

정보에 입각한 관점 173 지구에서 가장 불공평한 곳 174

대조적인 생활: 가난과 부(富) 178 대량학살과 순교 181

아침 식사 시험 184 세 개의 위험한 우선순위 186 모르스 단 후기 189

프랭크 개프니의 요약 189

8 북한: 평화의 기회 192

모르스 단과의 대담

반인도주의 및 대량학살 범죄 196 '면죄부' 198

한반도의 평화 훼손 199 피상적 평화를 피해야 201

트럼프의 행동과 김씨 정권 204 역사의 쓰레기통 207

모르스 단 후기 210 프랭크 개프니의 요약 210

9 위협의 현실 214

데이비드 맥스웰과의 대담

적을 제대로 바라본다는 것 219 한국 침략 221

충돌을 대비하다 223 중국을 속이다 226 북한에 의한 한반도 통일 228

통일에 대한 한국의 망상 230 잘못된 열망 232 데이비드 맥스웰 후기 237

프랭크 개프니의 요약 238

10 동맹의 중요성 242
데이비드 맥스웰과의 대담
한반도의 딜레마 246 평화에 대한 망상 249
내부로부터의 전복 252 평화 법안에 반대하다 255
미국에 대한 위협의 연결고리 257 중요한 동맹 260
데이비드 맥스웰 후기 263 프랭크 개프니의 요약 264

11 군축의 성공과 실패 268
로버트 조셉과의 대담
한반도의 핵 비밀 273 북한과 이란의 커넥션 276
북한의 파괴력 강화 278 중국의 개입 280 리비아의 비핵화 282
핵무기를 포기할 것인가 보유할 것인가? 284 로버트 조셉 후기 287
프랭크 개프니의 요약 288

12 끝이 없는 전쟁게임 290
로버트 조셉과의 대담
북한의 놀라운 무기고 293 북한에 의한 끔찍한 수출 295
트럼프와 클린턴의 접근법 296 내부로부터의 정권 교체 298
낡은 생각 300 핵의 힘과 실패한 아이디어 302
나쁜 생각은 사라지지 않는다 304 위장 평화를 물리쳐야 305
프랭크 개프니의 요약 307

맺음말 310

추천사

2023년, 올해는 6·25 한국전쟁이 휴전으로 봉합되면서 총성이 멎은 지 70년이 되는 해이다. 이 전쟁은 근본적으로 구소련의 스탈린이 북한의 김일성을 앞세워 일으킨 전쟁이었다. 처음에는 북한군이 절대로 우세하여 낙동강 방어선까지 내려갔다. 그러나 UN군이 인천상륙에 성공하자 북한군은 거의 궤멸하였고, 전선은 반대로 압록강까지 북상한다. 그때 대규모 중공군이 개입하여 다시 전선은 평택선까지 남하하지만 이어서 UN군의 반격이 시작되어 현 휴전선 부근까지 북상하게 된다. 이 상황에서 교전 쌍방은 휴전에 합의한다. 3년이 넘도록 치열하게 싸웠지만, 교전 쌍방이 승자도 패자도 없이 휴전으로 봉합하기로 합의한 배경은, 한반도 분단의 문제를 무력으로 해결하겠다는 발상이 무모하다는 것을 인정하고, 평화적인 방법을 모색해야 한다는 것이었다. 잿더미로 변한 한반도에는 수백만의 전사상자, 1000만 이산가족이 남아있을 뿐이었다.

그 후 40여 년이 지난 1991년에는 남북한의 대표들이 남북화해, 남북 불가침, 교류와 협력을 담은 기본합의서를 채택했고, 그다음 해에는 핵 에너지를 오직 평화적인 목적에만 이용한다는 비핵화 공동선언을 하기도 했다. 그러나 북한은 합의와는 무관하게 문을 닫아 잠그고 꾸준히 핵무기를 개발하여 2006년에는 첫 번째 핵 폭발 실험을 하게 되고 지금까지 여섯 차례 핵실험을 단행하였다. 이어서 핵 운반수단 개발에 박차를 가하고 있다.

이미 남북한 간에는 전투력 상의 엄청난 불균형이 발생하였다. 더 심각한 것은 북한이 핵능력을 배경으로 무력도발을 하기 시작하였다는 것이다. 한반도의 안전과 지역안정에 심각한 위기가 도래한 것이다.

이런 상황에서 2022년 2월, 러시아의 푸틴이 우크라이나를 침공하였다. 핵을 보유한 UN 상임이사국이 핵이 없는 인접국을 침공하여 일어난 전쟁에서 우크라이나의 군대는 결사적으로 싸웠지만, 강산은 순식간에 초토화되어 버렸다. 자유세계, 특히 NATO의 나라들이 단합하여 우크라이나를 지원하고 있다는 것이 천만다행이다.

북한은 이런 상황을 보면서, 국제사회의 제재에도 불구하고 핵무기를 더 굳게 움켜쥐어야 한다고 판단할 것이다. 그리고 핵을 고도화하고 중국·러시아 등 지원 세력과 연계하여 무력도발의 기회를 찾으려 할 것이다. 우리가 이 위기를 타개할 방책은 제한되어 있지만 분명하다. 현실적으로 한미 동맹을 강화하여 핵우산의 보호망을 튼튼히 구축하고, 그리고 이 문제를 근본적으로 풀어나가야 한다.

마침 NTD 방송이 2022년 2월부터 시작하여, 이 분야의 전문가를 분야별로 한 번에 한 분씩 초청하여, 핵심 과제를 하나씩 토의하면서 방송하였고, 5월까지 모두 여섯 분의 전문가들이 이 프로그램에 참여하였다. 이 책은 그 내용을 정리하고 편집한 것이다.

놀라운 것은 한국 내에 살면서 이 문제를 다루던 것보다 오히려 밖에서 북아시아 중간에 위치한 한반도를 관찰해온 눈이 때로는 훨씬 더 예리하고 객관적이라고 느낄 때가 여러 번 있었다는 것이다. 이 책자가 한반도 안보 문제를 걱정하며 주야로 애쓰고 있는 전략가는 물론, 보통 사람들에게도 도움을 줄 수 있는 유익한 참고서가 된다고 생각한다.

- 김재창-

전 한미연합사부사령관(예비역 육군 대장)

한미자유안보정책센터(KAFSP) 부회장

서문

한국과 미국 정부는 수십 년간 3대에 걸친 북한 독재정권을 상대하는 과정에서 비핵화에 대한 합의가 이뤄질 수 있다는 희망을 이유로 인권 문제를 의도적으로 회피해왔다. 하지만 이런 접근법은 원하는 방향과는 정반대로 흘러갔다. 북한은 핵무장 국가가 됐으며 수십 년간 한국과 미국을 공격하겠다고 한 위협에 신빙성이 더해졌다. 하지만 더 좋지 않은 것은 북한 내 수백만의 어린이와 여성, 남성에 대한 끔찍한 반인도주의 범죄가 지속되고 있다는 점이다.

우리는 역사로부터 교훈을 얻지 못하고 있는 것 같다. 1943년 7월, (폴란드 출신의) 얀 카르스키는 워싱턴 DC를 방문, 프랭클린 루스벨트 대통령에게 나치가 유럽 전역에서 유대인을 대상으로 한 끔찍한 범죄를 저지르고 있다는 증거를 제시했다. 유대인들을 기차에 가득 태워 보낸 뒤 가스실에서 살해를 하고 있다는 내용도 포함돼 있었다. 카르스키는 유대인들을 구해달라는 명확한 요구를 했지만, 당시 연합국 지도자들은 하나의 우선 과제에만 초점을 두고 있었다. 이는 독일 군대가 군사적으로 패배하도록 하는 것이었다.

1997년, 김씨 독재정권의 기틀을 만들고 주체사상을 만든 황장엽이 한국으로 탈북했다. 그는 자유와 인권에 대한 열정적 옹호가가 됐으며 모든 이들에게 반복적으로 경고를 했다. 이는 김씨 정권은 절대 핵무기를 포기하지 않을 것이며 인권이 북한 정권의 아킬레스건이라는 것이었다. 인권에 초점이 맞춰져야 하며 매일 겪고 있는 고통을 참아내는 북한 주민들이 우선시돼야 한다고 했다.

다행히도 북한을 탈출해 한국에 재정착한 3만5000명의 북한 주민들, 그리고 자신들의 이야기를 세상에 알린 많은 사람들의 용기는 2014년 유엔 북한인권조사위원회(COI)로 하여금 북한의 김씨 정권이 형언할 수 없는 잔혹한 범죄, 그리고 반인도주의 범죄를 저지르고 있다는 결론을 내리게 했다. COI는 "북한에서 벌어지는 인권 침해의 심각성과 규모, 그리고 본질은 현대 사회의 어떤 국가에서도 찾아볼 수 없다"고 한 바 있다.

핵 문제에 초점을 맞추고 인권 참사를 무시해버리는 실수는 북한 정권의 프로파간다에 도움을 주기도 했다. 이는 한국을 점령하고 있는 양키 제국주의자들로부터 북한 주민들을 보호하기 위해 김정은이 핵무기를 개발했어야 한다는 프로파간다다.

하지만 아직 너무 늦지 않았다. 많은 사람들은 우리의 가장 큰 자산인 탈북자들에게 투자를 하게 된다면 북한에 변화를 일으킬 수 있을 것이라고 생각한다. 인권 문제를 다시는 뒷전에 둬서는 안 된다.

문재인 정권이 북한 주민들의 고통을 무시하고, 비무장지대의 확성기를 철거하며, 대북전단 살포를 금지해 얻은 유일한 것은 더 많은 (북한의) 미사일 발사와 핵실험이었다. 문재인은 사실상 가장 성공적인 정보 전달 활동을 중단시켰고 북한 사람들을 다시 어둠 속으로 몰아넣었다.

김씨 정권의 위협이 고조되는 지금과 같은 시기에는 북한 주민들을 잊지 않는 것이 매우 중요하다. 한국국방연구원은 김씨 정권이 지난 50년간 핵개발에 사용한 돈이 4년치 식량난을 해결할 수 있는 금액이라고 추산하기도 했다.

이 책에서 우리는 자유와 평화적인 통일을 추구한 이전의 한국 정부들의 도움으로 탈북자들이 진행해온 정보 전달 활동을 재개해야 할 때라는 점을 강조한다. 가용한 모든 방법을 동원, 땅과 하늘, 바다를 통해 북한에 정보를 전달하도록 해야 한다. 우리는 북한에서 권력을 잡고 있는 사람들에게 이들에게 바라는 것이 딱 하나뿐인 친구와 동맹 세력들이 한국과 미국에 있다는 메시지를 전달해야 한다. 이들에게 바라는 것은 자유인의 혜택을 공유하고, 절망이 아닌 희망의 삶을 주려고 한다는 것이다.

북한 주민들은 방대한 양의 정보가 북한에 유입됨에 따라 이런 진실을 깨닫기 시작했다. 그렇기 때문에 수많은 사람들이 북한을 탈출하게 된 것이다. 식량 때문만이 아니라, 자유, 더 나은 삶, 그리고 미래를 위해 탈출한 것이다. 북한 주민들에게 진실을 전달할 능력이 있는지에 오늘날 우리의 승패가 달려 있다.

KCPAC은 이 책을 통해 북한의 김정은 공산 독재정권 및 중국의 시진핑 공산 독재정권에 어떻게 대응해야 하는지에 대한 저명한 전문가들의 분석을 소개한다. 이 전문가들은 서로 배경도 다르고, 해온 일도 다르지만 같은 결론을 제시한다. 인권 문제가 제기돼야 하고, 이런 전체주의 독재정권에 변화를 일으키기 위한 가능성은 이들 국가 주민이 이를 이끌었을 때 가장 높으며, 자유세계에 사는 사람들이 이들 주민들에게 진실을 전달하는 노력을 해야 한다는 것이다.

우리 정부들은 이들 (독재) 정권에 대해 더 이상 유화정책을 펴서는 안 된다. 한국의 문재인 정권은 김씨 정권의 요구를 수용했고 미국의 정치인들은 미국에서 활동하는 김정은 추종 세력을 대변해 이른바 종전선언을 추진하는 법안(H.R.3446)을 발의했다. 이는 북한이 궁극적인 목표를 달성하기 위해 만들어낸 것인데, 한반도를 김씨 정권하에 통일시키는 것이다.

KCPAC은 이런 거짓 평화에 경종을 울리고 있고 이에 따라 미국 의회의 법안은 동력을 잃게 된 것 같다. 하지만 악(惡)은 수그러들 줄 모르고 있다. 우리 역시 마찬가지가 돼야 한다. 이 책은 한국인들이, 한국에 어떤 위험이 도사리고 있는지, 또한 2023년을 북한 주민들이 마침내 자유를 이뤄내는 해로 만드는 데 어떤 도움이 될 수 있는지를 이해하기 위해 꼭 읽어야 할 책이다.

- 수잔 숄티 -

서울평화상 수상자

디펜스포럼 회장

북한자유연합 대표

www.defenseforumfoundation.org

www.nkfreedom.org

LIVING WITH
DICTATORS

By Gordon G. Chang

용의 불

1

고든 창

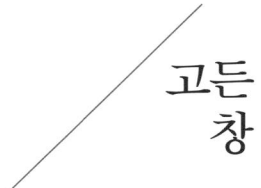

고든 창은 2019년 3월 인카운터북스가 출판한 책《미국, 한국을 잃고 있는가(Losing South Korea)》의 저자이다. 그는 랜덤하우스에서 출판한 책《핵전쟁: 세계와 대결하는 북한(Nuclear Showdown: North Korea Takes on the World)》과《중국의 몰락(The Coming Collapse of China)》의 저자이기도 하다. 그는 미국 국가정보위원회, 중앙정보국, 국무부, 전략사령부, 국방부 등에서 여러 차례 브리핑을 한 바 있다. 그는 최근 쓴《위대한 美中 기술 전쟁(The Great US-China Tech War)》이라는 책에서 중국이 세계 기술시장에서 새로운 리더로 부상(浮上)했다고 썼다. 그는 존 배첼러가 진행하는 CBS 방송의 '세계를 보는 시각' 등 여러 인기 방송 프로그램에 출연해왔다. 그는 뉴스위크의 칼럼니스트이며 게이트스톤연구소의 선임연구원이다.

개요

북아시아의 정치적 상황을 분석하는 이 책은 역내의 자유와 평화, 나아가 민주주의의 기본 원칙을 위협하는 불씨를 면밀히 들여다본다. 중국공산당이 통치하는 중국이 이들의 운명은 전세계를 통치하는 것이라고 조작하고 있다는 사실이 최근 밝혀졌다. 이런 야심은 북아시아에 문제를 일으키고 불안정을 조장하고 있다. 속국인 북한 등을 통해 이웃국가인 한국과 대만, 일본, 나아가 미국 본토의 힘을 약화시키려 하고 있다. 다만, 중국의 지도자인 시진핑이 국내적으로 불안정한 문제를 겪고 있고 이런 문제가 공산당 정권을 혼란스럽게 만들 수도 있다는 사실은 잘 알려지지 않았다.

이 책의 첫 번째 장은 중국이 현재 겪고 있는 어려움과 이들의 노골적인 야망이 우리 모두를 어떻게 위협할 수 있는지를 다룬다. 뉴스위크 칼럼니스트이자 게이트스톤연구소의 선임연구원인 고든 창이 미국 안보정책센터의 창립자 겸 상임이사장인 프랭크 개프니와 나눈 대담 내용이다.

지금부터 프랭크 개프니와 고든 창의 두 차례의 대담 중 첫 번째 대담 내용을 소개한다. 이는 2022년 2월 27일 미국과 영국을 비롯한 전세계에 실시간 라이브(www.NTD.com/LIVE)로 소개된 NTD 방송 대담 내용이다. 해당 시리즈의 제목은 '살아 있는 현안(Issues Alive)'이었다.

고든 창과의 대담

세계 지배

프랭크 개프니(이하 개프니): 저는 프랭크 개프니입니다. 북아시아와 세계 전반에 관한 미국의 최고 전문가 중 일부와 나눈 매우 중요한 대화를 소개하게 돼 영광입니다. 이런 문제는 미국은 물론 세계시민들에게도 매우 중요한 일이라고 생각합니다.

이번 대담에 나설 분은 중국공산당을 비롯한 아시아 문제에 있어 가장 권위 있는 학자 중 한 분으로 꼽힙니다. 바로 고든 창 씨인데요. 중국공산당의 행동에 따라 저희가 어떤 어려움을 겪고 있는지에 대해 이야기해보도록 하겠습니다. 현재의 상황은 매우 무자비하고 위험한 단계로 나아가고 있는 것으로 보입니다.

이것이 왜 그런지 말씀해 주시고, 중국의 독재자인 시진핑 주석과 그의 의제, 그리고 그것이 우리에게 시사하는 바에 대해 이야기해주시기 바랍니다.

고든 창(이하 창): 매우 위험한 사건들과 새로운 진전이 복합적으로 일어나고 있습니다. 우선 중국인들은 매우 공격적이고 호전적입니다. 그들은 그들이 왜 세계의 유일한 주권 국가로 여겨져야 하는지에 대한 이유, 그리고 그들이 유일한 합법적 통치자라는 것을 믿고 이를 주장하고 있습니다. 이들은 이제 달과 화성을 중국의 주권 영토라고까지 이야기하고 있는데 이는 감당할 수 있는 수준을 넘어선 것입니다.

우리는 역사상 가장 야심이 가득한 통치자들에 대해 이야기하고 있는데 이들은 국내적으로 심각한 문제에 당면해 있습니다. 아마 더 이상 성장하지 않고 악화될 가능성이 있는 경제 상황을 갖고 있으며 제 생각에는 헤어 나올 수 없는 부채 위기에 처해있습니다. 커져만 가는 식량 부족 사태, 그리고 환경 위기에 직면해 있습니다. 엎친 데 덮친 격으로 전쟁이나 질병 확산이라는 상황을 겪지 않은 상황에서, 가장 급격하게 인구가 감소하고 있는 상황에도 처해 있습니다.

예를 들어 이들은 지난해 11월 및 12월 기준으로 발표된 제7차 국가적 인구조사 통계에서 인구수가 14억 명이라고 주장했습니다. 최근 두 명의 중국 인구학자에 따르면 아마도 이들은 45년 안에 인구의 절반을 잃게 될 전망입니다. 핵심은 금세기 말을 내다봤을 때 중국의 인구수가 미국의 인구수보다 많지 않을 것이라는 점입니다.

저희는 이런 상황을 역사상 처음으로 목격하고 있습니다. 이들이 지금 어느 방향으로 나아가야 하는지에 대해 넓은 견해를 가진 중국 지도자들은 국내적인 위기에 직면해 있다고 보고 있습니다. 중국공산당 지도부는 이를 정치적인 문제로 받아들이고 있습니다. 상황이 지금보다 더 위험할 수는 없는 것입니다.

개프니: 이런 상황에도 불구하고 시진핑은 중국을 우주의 중심, 제

국, 나아가 세계를 지배하는 국가로 되돌려야 한다는 정해진 운명이 있는 것으로 믿고 있다고 봐도 될까요? 말씀하신 위기가 발생할 수도 있을 텐데요.

창: 시진핑은 중국이 천하를 통치할 의무가 있다는 이야기를 10년 넘게 해왔습니다. 그의 2017년 신년 연설에서도 이를 확인할 수 있었는데요. 그는 당시 중국인들은 세계가 하나로 뭉치고 하늘 아래 있는 모든 사람은 한 가족인 것으로 믿어왔다고 말했습니다.

중국 관리들은 그보다 더 노골적으로 이런 의사를 밝혔습니다. 시진핑의 외교적 시각이 현재의 국제사회 체제, 즉 주권 국가들로 구성된 현재의 체제를 어떻게 초월할 수 있는지에 대한 의견을 밝힌 것입니다. 이들은 전세계가 어떻게 중국에 복종을 할 수 있을지에 대한 이념을 연구하고 있습니다.

물론 이는 터무니없는 생각입니다. 중국은 이를 이뤄낼 힘을 갖고 있지 않습니다. 하지만 이것이 그들의 생각이며 미국인을 비롯한 다른 사람들은 중국이 어떤 방향으로 나아가려 하는지를 알아야 합니다. 이는 현존하는 도전과제이기 때문에 어려운 문제입니다.

개프니: 왜 그럴까요? 이러한 야망을 실현하기 위해서는 미국이라는 명백한 장애물을 제거해야 하기 때문입니까?

창: 이들은 분명히 그렇게 믿고 있습니다. 만약 자신들이 세계의 유일한 주권 국가라고 믿는다면 지구상의 다른 모든 나라들에 위협이

됩니다. 미국과 관련해 중국은, 미국이 추구하는 가치가 중국인들에게 끼치는 영향을 매우 걱정하고 있다는 또 하나의 요소가 있습니다. (중국은) 이런 영향이 확산되는 것을 억압하고 있죠.

중국과 미국 사이에 긴장감이 감돌고 있습니다. 이는 미국과는 거의 관련이 없습니다. 미국이 중국에 대해 적대적이든 우호적이든, 어떤 정책을 가지고 있든 중국공산당은 미국을 실존하는 위협으로 보고 있습니다. 미국의 가치가 중국인들에게 끼치는 영향력 때문입니다.

개프니: 도널드 트럼프가 시진핑과의 어려운 관계를 만들고, 관세 및 기타 무역 분쟁을 촉발한 책임이 있다고 생각하는 사람들에게 이는 매우 중요한 지적일 것 같습니다.

어찌 됐든, 이런 상황은 기본적으로 시진핑과 중국공산당의 어젠다에 내재돼 있다는 말씀이시군요. 미국이 그들의 목표 달성을 방해하는 것으로 인식되면 마찰, 혹은 유혈사태를 겪을 수 있다는 것 말입니다.

창: 글쎄요, 오바마 대통령도 중국과 매우 어려운 관계를 갖고 있었고 그는 우호적인 관계를 맺기 위해 필요 이상의 노력을 했습니다.

개프니: 현 상황에서 이는 매우 중요한 사안이라고 생각하는데, 더 자세한 이야기를 들어보고 싶습니다.

창: 나아가기 전에 우선 더 중요한 문제를 짚어보겠습니다. 공산당이라는 체제는 투쟁을 기반으로 만들어졌다는 것을 기억할 필요가 있습니다. 우선 미국에 대한 것, 그리고 중국이 '천하'에 대해 갖고 있는 터무니없는 생각을 잊어버리도록 합시다. 공산당과 현재 중국의 지도자들은 여전히 투쟁을 이상화(理想化)하고 있습니다. 그렇기 때문에 이들은 다른 어떤 국가와도 좋은 관계를 맺을 수가 없는 것입니다. 이게 근본적인 문제입니다.

개프니: 일부 국가와의 관계는 어떤 국가와의 관계보다 더 안 좋겠죠. 당신은 2019년 5월에 드러난 사실, 중국공산당의 선전매체인 인민일보에 초점을 맞춘 몇 안 되는 전문가 중 한 명인 것으로 알고 있습니다. 이들이 당시 어떤 이야기를 내놨는지, 나아가 어떻게 해서 우리가 이를 진지하게 받아들이지 않고 있는지에 대해 이야기해주길 바랍니다.

창: 2019년 5월 인민일보는 미국에 대한 '인민의 전쟁'을 선포했습니다. 이는 하나의 특이한 글이 아니었습니다. 인민일보는 그 한 달 동안 전쟁이라는 표현과 유사한 용어를 사용한 세 개의 다른 글을 각기 실었었기 때문입니다. 또한 (2021년) 8월 인민일보와 해당 매체가 관리하는 환구시보는 미국에 대한 공격의 근거와 정당성을 제시하기도 했습니다.

예를 들어 8월 말에 인민일보는 미국이 중국에 대한 '야만적'인 공격을 가하고 있다는 글을 실었습니다. 8월 초 환구시보는 미국이 중국의 적(敵)들과 협력하고 있다며 미국을 거의 '적'으로 규정하기 직전까지 갔습니다.

베이징의 선전 활동에 눈에 띄는 변화가 있었다는 것을 알 수 있습니다. 8월은 미국이 아프가니스탄을 잃게 된 달이었다는 것을 기억할 필요가 있습니다. 이를 보면 미국이 중국에 대해 무언가를 했기 때문에 그런 것이 아니라는 점을 알 수 있습니다. 이는 중국 국내 사안들에 의해 움직이는 것으로 보입니다. 또한 중국공산당의 외교정책은 매해, 그리고 10년 주기별로 국내 상황을 반영하고 있습니다. 그런데 현재 공산당 지휘부에서 겪고 있는 실질적인 문제들로 인해 더욱 그렇게 된 것 같습니다.

전쟁은 불가피한가?

개프니: 전쟁이 일어날 가능성, 그리고 공산당이 중국인들로 하여금 이에 대한 준비를 하도록 할 가능성에 대해 잠시 이야기를 나눠봅시다. 앞서 말했지만 이는 대만을 둘러싼 전쟁이 아닙니다. 미국에 대한 '인민의 전쟁'을 논의해보자는 것이죠.

저는 시진핑을 비롯한 그의 부하들이 이를 부추기고 있다고 말하고 싶습니다. 최근 매우 호전적인 영화가 개봉했습니다. 이 영화는 한국전쟁 역사상 가장 끔찍한 사건 중 하나인 장진호 전투에 대한 역사를 수정주의적으로 다루고 있습니다.

이런 일들이 무엇을 암시하는지, 우리가 이런 선전활동, 수사(修辭), 호전성을 무시할 수 있는지 궁금합니다.

창: 미국인들은 적들이 저희를 향해 말하는 것을 의식하지 않아야 하는 것처럼 믿어왔습니다. 알카에다를 예로 들어보겠습니다. 오사마 빈라덴은 1993년 세계무역센터 폭탄 테러 이후 무엇을 할 것인지에 대해 매우 명확한 자세를 취했지만 저희는 주의를 기울이지 않았습니다. 이 사람이 오랫동안 해온 말에 저희가 집중하게 되는 데는 3000명의 미국인이 죽은 그 하루가 필요했죠.

전 주중미국대사인 짐 릴리가 말했듯 중국은 매우 명확한 태도를 유지해 왔습니다. "중국인들은 텔레그래핑 펀치를 하고 있다"는 것이죠(注: 이는 복싱 용어로, 타격 전 동작이 커 상대가 알아챌 수 있는 펀치를 뜻한다).

중국은 꽤 오랫동안 이렇게 주먹질을 해왔습니다. 우리는 지난 몇 년간 그들이 더욱 호전적으로 행동하는 것을 봐왔습니다.

저희는 중국의 정치 체제가 내부적으로 문제가 있다는 것을 알고 있고 이를 주시해왔습니다. 하지만 저는 미국의 정책입안자들이 현 상황에 대한 급박함을 인지하지 못하고 있다고 생각합니다.

개프니: 맞는 말이라고 생각합니다. 당신의 최선의 노력에도 불구하고 말이죠. 저희가 당신을 존중하는 이유 중 하나는 당신이 이런 문제를 계속해서 지적하려 하고 있다는 점입니다. 이와 관련해 또 다른 질문을 하나 하겠습니다. 1999년 당시 중국의 수사와 태도, 선전 활동과는 별개로 인민해방군에서 장군으로 진급했던 두 명의 대령이 떠오릅니다. 이들이 했던 말은 비판을 받은 것이 아니라 당 차원에서 명예로운 말이었다는 평가를 받았는데요. 이들은 중국공산당

이 미국과 '초한전(超限戰)'에 돌입하게 될 것이라는 교리(敎理)를 발표했습니다.

중국이 이런 교리를 20년 동안 지켜왔다고 보시는지, 현재 이것이 어떻게 진행되고 있는지 궁금합니다.

창: 중국은 공식적으로는 '초한전'이라는 개념을 갖고 있지 않다고 말합니다. 하지만 중국의 정치 체제가 이를 진행하기 위해 무엇을 하고 있는지를 지켜봐야 한다고 생각합니다.

코로나19의 기원(起源)

창: 코로나19 상황을 하나의 예로 들 수 있습니다. 저는 이것이 우한 바이러스연구소에서 나온 것으로 보고 있습니다. 우연한 사고로 말이죠. 물론 100% 장담할 수는 없지만 중국 지도부가 이 질병을 중국 국경 밖으로 의도적으로 전파하기 위한 행동을 취했다는 것을 알고 있습니다. 예를 들어 중국은 이 질병이 매우 전염성이 강한 질병이라는 것을 최소 5주에서 길게는 5개월가량 이미 알고 있었습니다. 이에 대해 말을 안 한 것도 문제인데 전세계를 향해 이 질병은 전염성이 없다고까지 말했었습니다.

이와 동시에 시진핑은 우한을 비롯한 중국의 다른 지역들을 봉쇄하고 있었습니다. 봉쇄라는 조치가 논란의 소지가 있다고 생각합니다. 하지만 시진핑은 그의 국가를 봉쇄함으로써 봉쇄가 질병의 확산을 막는 효과적인 방법이라고 생각한다는 점을 전세계에 알렸습니다.

개프니: 봉쇄라는 것이 효과적일 뿐 아니라 필수였다는 것이군요. 결과적으로 시진핑은 중국의 방식이 적용돼야 한다는 것을 알렸다고 봅니다.

창: 그런데 시진핑은 자국을 봉쇄하면서도 다른 나라들에 중국에서 오는 사람들에 대한 여행 제한과 격리 조치를 취하지 말도록 압박했습니다. 중국 내부에 국한됐어야 할 질병을 갖고 다른 나라에 도착한 사람들이 있었고 이렇게 세계적 유행병이 된 것입니다. 역사상 한 국가가 다른 국가 모두를 공격한 것은 이번이 처음이었습니다.

개프니: 동시다발적으로 말이죠.

미국의 실패

창: 이는 중국의 악의성(惡意性)을 잘 보여주는 사례입니다. 중국은 포괄적인 국가 권력이라는 개념을 갖고 있습니다. 이는 소련으로부터 가져온 것인데, 한 국가의 힘을 측정하기 위한 일련의 지표이며 중국은 1등이 되기를 원합니다. 이를 비난하지는 않습니다. 모든 국가는 1등이 되고 싶어 해야 합니다.

1등이 되기 위해서는 두 가지 방법이 있습니다. 하나는 본인의 힘을 강화하는 것인데 이에는 문제가 없습니다. 또는 다른 모든 사람들을 약하게 만드는 것입니다. 시진핑이 한 일들은 다른 모든 사람들을 약화시키려는 것이었습니다. 그가 어떤 생각을 하고 있었는지는 모르지만 코로나19가 중국을 무력화시키는 것을 본 뒤 그는 다른 모든 사람들을 약화시키면서 평평한 운동장을 만들려고 했을 수 있습니다. 이번에 그가 했던 일들을 그대로 하는 것이었겠죠.

그는 질병을 퍼뜨렸고 그가 어떤 일을 하고 있는지 알고 있었습니다. 저는 이런 행동이 '초한전'이 무엇인지를 보여준다고 생각합니다.

개프니: 당신이 오랫동안 연구한 또 다른 주제에 대해 이야기를 나눠보고자 합니다. 중국이 미국의 자원을 사용하며 자신의 힘을 기르고 있다는 문제인데요. 중국이 저희의 산업기반과 경제를 무너뜨리기 위해 어떤 경제적 전술을 펴오고 있다는 것은 꽤 잘 알려진 문제라고 생각합니다.

하지만 이들이 오랫동안 공모한 친구들인 월스트리트나 조 바이든을 포함한 미국 정부 인사들에게 부(富)가 이전되고 있는 문제에 대해서는 잘 알려지지 않았다고 봅니다. 이들은 자금 이전을 통해 '초한전' 전술과 '일대일로(一帶一路)'를 추진했습니다. 또한 위구르인을 비롯한 다른 사람들에 대한 대량학살이 이어지기도 했죠.

중국이 이들의 힘을 자체적으로 강화했을 뿐만 아니라 저희의 돈과 자원을 활용해 어떻게 힘을 길렀는지에 대해 이야기를 듣고 싶습니다.

창: 미국의 자원이 없었다면 중국은 이를 이뤄낼 수 없었습니다. 1999년 미국 클린턴 행정부와 중국이 맺은 협정에 따라 중국은 세계무역기구(WTO)에 가입할 수 있게 됐습니다. 중국에 이는 매우 중요한 일이었습니다. 상업 활동을 시작으로 저희가 투자한 달러를 여러 목적으로 사용했습니다. 그중 하나가 미국인들을 죽이기 위한 목적으로 고안된 군대를 구축하는 것이었습니다. 다시 말하지만 명백하게 저희의 돈이 들어간 것입니다. 많은 사람들은 특히 냉전이 끝난 후에 '역사의 종말'에 대한 생각을 많이 하곤 했습니다.

이는 프랜시스 후쿠야마가 사용한 유명한 표현입니다. 저희는 저희가 중국과 무역을 하면 그들이 결국 순해질 것으로 생각했습니다. 저희처럼 사물을 바라보고 저희와 비슷하게 변하게 될 것으로 말이죠.

이런 관여 정책이 결국 어떻게 됐느냐 하는 건데요. 약 10년 후, 어떤 변화도 생기지 않았다는 것이 명백해졌지만 미국이 이런 정책에 변화를 주려고 한다는 모습은 찾아볼 수 없었습니다. 중국의 악랄함만이 문제가 아니라 미국의 나약함이 문제였다고 할 수 있습니다.

앞서 지적하신 것처럼 저희 사회에는 중국이 반인도적인 범죄와 대량학살을 저지르고, 미국인들을 죽이고 있다는 것을 알면서도 이를 돕고 있는 요소들이 있습니다.

개프니: 중국은 더 많은 사람들을 죽이려고 하고 있죠.

창: 네, 더 많은 사람들을 죽이려고 합니다. 이는 미국 정치 리더십의 실패이고 미국인들을 실패하게 만든 것입니다. 이는 초당적(超黨的)인 실패입니다. 진보와 보수, 민주당과 공화당 할 것 없이 정치권 전반에 걸쳐서 말이죠. 미국의 정치 엘리트들은 저희를 지켜주지 않았습니다.

정치적 전쟁과 상호주의

개프니: 지금까지 생물학 전쟁, 경제 전쟁, 금융 전쟁 등에 대한 이야기를 나눠봤고 이에 대한 이야기는 계속 이어갈 수 있을 것입니다. 정치 전쟁, 전복, 부패 등 말이죠. 하지만 정치적 전쟁을 집중적으로 다뤄보고 싶습니다. 다음 장에서도 이를 더 다루게 될 텐데요. 중국은 미국과의 전쟁에 있어 북한을 하나의 대리인으로 사용해왔습니다. 미국 의회에, 현재의 정전협정(停戰協定) 체제를 '평화협정'으로 대체하는 것을 골자로 하는 법안이 발의돼 큰 논란이 되고 있습니다. 이는 한반도의 상황을 크게 바꾸게 될 사안인데요.

창: 약 5년 전, 예편한 지 얼마 안 된 중국군 고위 장교가 동아시아에서 열린 회의에서, 북한은 우리(cage) 안에 있는 광견(狂犬)이라며, 중국과 북한의 관계는 이렇게 요약할 수 있다고 말한 바 있습니다.

여러 가지 다뤄야 할 사안이 있습니다. 우선 북한과 관련해 이해해야 할 점 중 하나는, 중국은 북한을 중국과 한국 사이의 완충지대라고 말하고 있다는 것입니다. 하지만 더 중요한 것은 북한이 어떤 행동에 나서면 미국은 공화당 정권이 됐든, 민주당 정권이 됐든, 국무장관을 중국으로 보내고 있다는 점입니다. 미국은 북한에 대한 중국의 협력을 요청하고 중국은 이런 상황을 갖고 놀고 있습니다. 이는 미국의 잘못입니다. 미국은 이런 과정에서 일반적으로 양보를 하고 있습니다.

또한 북한은 이란에 미사일 기술을 이전해왔고 이란의 핵무기 프로그램을 돕고 있습니다. 파키스탄 때와 비슷한데요. 중국은 파키스탄과 북한을 통해 전세계에서 가장 위험한 무기를 확산시켜왔습니다. 북한이 중국의 명령에 따라 하는 일들이 많이 있는데, 북한은 명백하게 중국의 대리인이라고 할 것입니다.

개프니: 만약 이들이 미국 의회로 하여금 "자, 이제 이 전쟁을 공식적으로 끝내자"라는 접근법을 취하게 된다면 어떻게 될까요? 미국뿐만 아니라 자유를 사랑하는 한국인들에게도 큰 문제가 될 것 같습니까?

창: 미국 하원에 발의된 '한반도평화법안(H.R.3446)'은 국무부로 하여금 전쟁을 끝내기 위해 1953년 체결된 한국전쟁에 대한 정전협정을 공식적인 평화협정으로 대체할 수 있는 협상에 나설 것을 요구하고 있습니다.

우선 문제가 있는데, 모든 사람들이 평화협정 체결을 원하는 것은 당연한 일입니다. 하지만 북한의 군사정권과 이를 지원하는 중국이 북아시아에서 야기되는 불안의 원인이라는 것이 핵심입니다.

평화협정이 없어서가 아니죠.

많은 사람들은 평화협정을 체결했는데도 실제적인 평화가 오지 않는다면 한국 내 좌파세력이 미국과의 동맹을 깨고 주한미군을 철수시킨 뒤 북한이 한국을 전복할 길을 만들어 줄 수 있다고 우려합니다.

이는 한국의 평화와 안정, 그리고 존립(存立)을 보장하는 것은 미국뿐이기 때문입니다.

개프니: 한국의 문재인 전 정부가 통일에 대해 대체 어떤 생각을 갖고 있었던 것인지에 대해서는 다음 장에서 더욱 구체적으로 다뤄보도록 하겠습니다. 북한이 주장하는 통일의 개념과 비슷한, 즉 저희가 생각하는 통일의 개념이 아니었는데요. 역내 공통의 이익을 위한 것도, 한국인들을 위한 것도 아니었습니다.

7대 계획

개프니: 다시 중국으로 화제를 돌려 큰 그림을 한 번 봐보도록 합시다. 미국이 취해야 할 7대 행동 계획을 고안하셨는데요, 이 계획의 본질이 뭡니까?

창: 우선 저는 미국이 중국과의 관계를 끊어야 한다고 생각합니다. 중국은 미국과의 모든 접점을 활용해 우위를 점하려 하기 때문입니다. 현재 미국은 완전히 압도당하고 있습니다. 이런 상황을 미국이

잘 관리할 수 있게 될 때까지 이런 접점을 끊을 필요가 있습니다.

개프니: 무역과 관련된 접촉만을 이야기하는 것이 아니죠?

창: 무역을 단절하고, 투자를 끊고, 미국 내에 있는 중국의 요원들을 쫓아내야 합니다. 중국이 중국인과 다른 사람들을 통해 미국에 대한 스파이 행위를 하지 못하도록 하는 것입니다. 외교 관계도 전면적으로 끊고 기술 협력에 관한 협정도 끊어야 합니다. 중국이 미국의 기술 회사들을 사들이는 것을 방지하는 것이죠. 또한 가장 중요한 것은 아마 상호주의를 요구하는 것이 될 것입니다. 중국에 미국 언론을 들일 수 없게 돼 있습니다. 그렇다면 미국에서도 중국 언론이 활동할 수 없게 해야죠. 중국에 미국산 애플리케이션을 들일 수 없습니다. 그런데 왜 틱톡과 같은 중국의 애플리케이션이 미국에는 들어올 수 있어야 하죠? 중국에 레이건 연구소나 루스벨트 연구소가 들어설 수 없다면 중국의 공자학원 역시 미국에 있어서는 안 됩니다. 미국 내 중고등학교에서 운영되는 500개 정도의 공자 수업이 있어서는 안 된다는 것입니다.

개프니: 이는 미국 젊은층을 대상으로 선전활동을 하고 이들이 중국 당(黨)의 노선을 따르도록 세뇌하는 데 사용되고 있습니다.

창: 물론입니다. 그렇기 때문에 상호주의가 필요합니다. 이는 매우 간단한 개념입니다.

개프니: 네, 맞습니다.

창: 미국은 여러 이유로 인해 이를 요구하지 않았는데 지금 이를 요구해야 합니다.

미국을 구출해야

개프니: 앞서 말했듯 이런 모든 분야에 있어서 당신이 제가 아는 가장 똑똑한 사람인데요. 월스트리트나 기업, 그리고 정부의 엘리트로 활동하는 똑똑한 사람들은 이런 이야기를 하곤 합니다.

"잠깐만요, 중국의 시스템과 너무 많이 연계돼 있습니다. 미국의 공급망은 모두 그곳에서 나옵니다. 중국으로부터 원재료 또는 완제품을 얻지 않고서는 저희가 필요한 수준의 생산을 이뤄낼 수 없습니다."

상호주의라는 개념을 매우 합리적이라고 생각하고 당신이 옳다고 봅니다. 하지만 위와 같이 관계를 이어가야 한다는 생각은 어떻게 보십니까? 저희 자신을 어떻게 구출해야 한다고 생각합니까?

창: 시진핑은 중국을 폐쇄하고 있기 때문에, 실제로는 미국을 구출해주고 있다고 볼 수 있습니다. 그는 외국인들이 중국에서 사업을 하는 것뿐만 아니라 그냥 거주하는 것조차 매우 어렵게 만드는 일들을 하고 있습니다. 그는 이렇게 관계를 끊어가고 있는데 저희도 이와 같은 조치에 나서야 합니다. 한 가지 예를 들겠습니다.

현재 전세계 공급망의 절반이 중국과 연결돼 있는 엄청난 혼란을 목격하고 있습니다. 앞서 언급하신 전력 문제 등이 하나의 원인이 되고 있기도 한데요. 자체적으로 통제할 수 없는 상황으로 인해 머지않은 미래에는 재고가 바닥나는 상황이 있을 수도 있습니다.

카멀라 해리스 부통령은 지난 8월 싱가포르에서 다음과 같은 말을 했습니다. "크리스마스 선물을 지금 구매하라"라고 말이죠.

저는 그가 이 문제에 대해 옳았다고 생각합니다.

개프니: 그가 한 몇 안 되는 옳은 일 중 하나라고 생각하는데, 이에 대한 공로는 인정해야 할 것입니다. 이는 매우 깊은 주제의 내용이고 중국공산당에 대한 미국의 정책을 바로 잡는 것보다 미국의 미래에 더 중요한 것은 없다고 생각합니다.

이런 정책들이 대만을 둘러싼 갈등, 혹은 다른 각도에서 오는 공격으로 인해, 머지않은 미래에 불거질 수 있는 중국과의 갈등에서 큰 영향을 끼치게 될 것이 우려됩니다. 하지만 미국이 당신의 훌륭한 조언을 얻을 것이고 앞으로 이런 조언을 따르게 되기를 바랍니다. 오늘 중국에 대한 견해를 공유해주기 위해 시간을 내주신 것 감사합니다.

고든 창 후기

시진핑은 2022년 4월 연설에서, '전세계 모두의 안보를 촉진하기 위한 계획'인 '글로벌 안보 이니셔티브'를 제안했다. 그는 모든 사람들이 "안보 불가분(不可分)의 원칙을 지지해야 한다"고 선언했다.

시진핑은 '안보 불가분의 원칙'이 무엇인지는 명시하지 않았지만 그는 전세계가 '디커플링(탈동조화)'에 참여해서는 안 된다고 했다. 그는 디커플링을 언급하며 이를 우려하고 있다는 점을 시사했다. 그는 전세계가 중국과 분열되는 것을 두려워하고 있다. 경제가 위축되고 특히 미국을 비롯한 전세계의 자금이 필요한 상황이기 때문이다.

시진핑은 안보가 불가분해야 한다고 말할 수 있겠지만 세계는 각 진영으로 빠르게 나뉘고 있다. 러시아는 우크라이나 침공을 통해 이를 가속화했고 중국은 확고하게 러시아 편에 서 있다.

조 바이든 대통령은 '새로운 세계 질서'에 대해 말하고 있다. 그렇다, 새로운 세계 질서가 다가오고 있고, 특히 러시아와 중국 간의 파트너십에 대항하기 위해 국제 질서는 그 어느 때보다 확고한 미국의 리더십을 필요로 한다. 전세계는 더 이상의 우크라이나 사태를 용인할 수 없다.

프랭크 개프니의 요약

독자들은 왜 고든 창이 중국공산당 문제와 관련해 미국에서 가장 사려 깊고, 사안을 정확히 바라보며, 용기 있는 전문가 중 한 명이라는 것을 직접 볼 수 있었을 것이다.

중국의 독재자 시진핑의 야망과 이런 상황이 자유세계에 무엇을 의미하는지에 대한 대화를 나눠봤는데 이에 대한 핵심을 몇 가지 강조하고자 한다.

고든 창은 공산당 정권의 잘못된 통치하에 있는 중국이, 우리가 살아가는 지금 자유에 대한 실존적 위협이라고 지적하고 있다. 나의 오래된 상사인 로널드 레이건 전 대통령은 다음과 같은 말을 하곤 했다.

"모든 세대는 하나를 마주하게 된다."

그러나 중국공산당은 미국이 지금까지 직면한 그 어떤 것보다 훨씬 더 큰 문제이다.

이 위험은 부분적으로 시진핑과 그의 당이 직면하고 있는 경제, 인구, 식량, 에너지 및 기타 위기를 포함한 내부적인 도전 때문에 발생한다. 역사적으로 봤을 때 이런 요인들은 폭군들로 하여금 내부 통제와 억압을 정당화하기 위한 구실로 외국에 있는 적들을 떠올려 내도록 만들었다.

고든 창은 중국공산당의 선전 수단이 미국에 대한 공격을 위한 지적(知的) 기반을 마련해 왔다고 지적했다. 이 사실에 대한 중요성은 아무리 강조해도 지나치지 않다. 2019년 5월 공산당의 기관지인 인민일보가 미국에 대한 인민의 전쟁을 선포했다는 것이다.

이런 발표가 있기 전부터 수십 년 동안 중국이 여러 방식으로 미국에 대한 적대행위를 해왔다는 것은 사실이다. 고든 창은 '초한전' 이라는 개념이 미국을 굴복시키기 위한 오래된 정책의 핵심이라고 했다. 미국 자체는 물론, 중국공산당의 글로벌 야욕에 맞서려는 미국의 의지와 역량을 약화시키기 위해 경제, 정치, 전복, 마약 밀매, 사이버 전쟁 등 다른 기술들을 사용해 왔다는 것이다.

고든 창은 중국이 이런 행동에 군사적 조치라는 옵션을 추가할 수 있다고 경고한다. 이는 대만에 국한된 것이 아니라 미국과 오랫동안 우호관계를 맺어온 국가들이 포함될 수 있다. 그는 미국과 전쟁이 일어날 수 있고 중국공산당은 중국인들로 하여금 '텔레그래핑 펀치'를 준비하도록 하고 있다고 내다봤다.

이런 펀치가 어떤 모습일지에 대해서도 이야기를 나눴다. 하나는 미국과 전세계를 강타한 코로나19 유행병이다. 창은 이 질병은 공격받은 모든 이들의 힘을 약화시켰고 중국공산당이 주장하는 이른바 포괄적 국가 권력을 강화시켰다고 했다.

다음 장에서도 고든 창과의 대담을 이어간다. 이번 장에 소개된 주제, 즉 중국이 북한을 어떻게 자신들의 정치적, 전략적 전술의 대리인 및 도구로 만들었는가를 다룬다. 또한 퇴임하는 문재인 대통령이 평화의 중재자라는 업적을 위해 펼치는 위험한 외교적 도박의 위험성도 다룰 계획이다.

LIVING WITH

DICTATORS

By Gordon G. Chang

한반도의 거짓 평화

2

개요

중국은 조선민주주의인민공화국을 하나의 의존국으로 취급하고 있다. 중국의 지도자들은 수십 년 동안 북한 정권을 지원해왔는데, 여러 이유가 있겠지만 우선 중국은 김(金)씨 정권의 도발적인 행동이 유용하다고 생각하기 때문이다.

중국은 목표를 달성하기 위해 이들이 항미원조(抗美援朝 · 미국에 맞서 북한을 도움)라고 부르는 한국전쟁의 공식적인 종식에 찬성하고 있다.

현재 미국 하원에 계류 중인 법안 H.R.3446은 한국전쟁을 평화협정을 통해 공식적으로 끝내기 위한 협상에 나서는 것을 골자로 하고 있다. 이 법안은 평화를 가져오는 것이 아니라 지난 수십 년간 북아시아의 안정과 안보를 보장해 온 한 가지를 약화시키고 있다. 이는 바로 한미동맹이다.

한반도는 전세계에서 가장 흥미로운 정치적 실험대이다. 두 개의 한국이 있는데, 한 곳에서는 부유한 한국인들이 살고 있고, 다른 한 곳은 가난한 사람들로 가득하다. 이 두 나라는 바로 맞닿아 있으며 북한에 있는 가난한 주민들은 남쪽에 있는 부유한 사람들을 엿볼 수 있다.

북한은 그들이 중요한 목적을 위해 희생하고 있다고 믿는 한 빈곤을 받아들일 수 있다. 이들은 이들의 목표가 김씨 일가의 주체사상이 한반도 전역으로 확산되는 것이라는 이야기를 거듭해왔다.

민주주의수호재단의 데이비드 맥스웰이 여러 차례 지적했듯 김씨 일가는 평양을 중심으로 한반도 전역을 통치하겠다는 핵심 목표를 버린 적이 없다. 이런 이유에서 북한은 계속해 한국을 전복시키고, 압박하며, 빼앗으려고 하고 있다.

맥스웰은 “김씨 정권은 통일을 달성하기 위해 무력을 사용할 준비를 70년 동안 해왔다”고 말한 바 있다.

한국전쟁에서의 전투는 1953년 7월에 서명된 정전협정(停戰協定)으로 종료됐다. 이 협정은 수많은 북한의 위반 행위와 구두를 통한 파기 행위에도 불구하고 현재까지 유지되고 있다. 유엔군사령부와 중국, (한국을 제외한) 북한이 서명한 해당 협정 이후 여러 당사자들이 이를 평화협정으로 전환시키려고 해왔다.

미 육군 출신으로 한국에서 다섯 차례 근무했던 맥스웰은, “김정은은 그의 가족이 오랫동안 추구해온 분열을 통한 정복을 이뤄내자는 전략의 일환으로 한미동맹을 분열시키고 미군을 한반도에서 물러나게 하려고 해왔다”고 했다.

그레그 스칼라튜 북한인권위원회(HRNK) 사무총장은 중국이 알고 있듯, 어떤 선언, 합의, 조약도 하나의 현실은 바꿀 수 없다고 믿는다고 했다. 그는 “김씨 일가가 핵과 탄도미사일로 무장한 채 반인도적 범죄를 저지르고, 반개혁적이고 반성하지 않는 인권 부정론자로 남아 있는 한 한반도에서의 진정한 평화는 불가능할 것”이라고 했다.

H.R.3446을 지지한 의원들은 평화를 추구해야 한다면서 수십 년간 안정을 보장해온 한 요소를 무시하고 있다. 맥스웰은 "한국의 안보가 보장되지 않는 한 한반도에 평화는 있을 수 없다"고 했다. 그는 "H.R.3446은 중국과 북한의 목표에 힘을 실으며 한국의 안보를 악화시키고 있다"고 했다.

데이비드 맥스웰과 그레그 스칼라튜의 이야기는 앞으로 이어질 장(章)들에 차례로 소개된다. 뉴스위크 칼럼니스트이자 게이트스톤 연구소의 선임연구원인 고든 창이 미국 안보정책센터의 창립자 겸 상임이사장인 프랭크 개프니와 대담을 진행했다. 이들은 북한과 중국의 행동에 대한 서방세계의 대응을 분석하고, 나아가 미국에서 검토되고 있는 잘못된 방향의 의회 법안에 대한 이야기를 나눴다.

지금부터 프랭크 개프니와 고든 창의 두 차례의 대담 중 두 번째 대담 내용을 소개한다. 이는 2022년 3월 6일 미국과 영국을 비롯한 전세계에 실시간 라이브(www.NTD.com/LIVE)로 소개된 NTD 방송 대담 내용이다. 해당 시리즈의 제목은 '살아 있는 현안(Issues Alive)'이었다.

고든 창과의 대담

한국전쟁

프랭크 개프니(이하 개프니)**:** 저는 프랭크 개프니입니다. 북아시아는 물론 더 많은 지역에 대한 매우 중요한 문제들을 다룰 시리즈를 소개하게 돼 매우 기쁩니다. 특히 이는 한국과 여기 미국을 비롯한 곳에 있는 자유를 사랑하는 사람들의 이해관계와 관련이 있다고 생각합니다.

이를 위해 저희가 가장 좋아하는 전문가 중의 한 명인 고든 창을 모셔봤습니다. 저는 그가 이 지역에 대한 저명한 전문가일 뿐만 아니라 해당 지역은 물론, 궁극적으로는 전세계를 지배하려고 하는 중국공산당에 대한 전문가라고 생각합니다. 제 생각에 그는 국보(國寶)급 인물이기도 한데, 이 자리에서 대화를 이어갈 수 있어 매우 기쁩니다.

고든 창 씨, 오늘 함께 해주셔서 대단히 감사합니다. 지난 시리즈에서 북한과 중국의 역할에 대해 간략하게 다뤄봤습니다. 저는 중국이 (북한을) 정치적 전쟁의 수단으로 활용하고 있다고 보는데요.

저는 이 정치적 전쟁의 본질에 대해 이야기를 더 나눠보고자 합니다. 구체적으로는 한국의 요구, 그리고 미국 의회에서 추진하는 협정에 대한 이야기일 텐데요. 저는 오랫동안 지속돼 온 한국전쟁을 끝내는 협정은 북한과 중국, 미국, 그리고 유엔군사령부 사이의 일이 될 것으로 봅니다.

한국전쟁이 끝나지 않았다는 사실을 알고 있는 미국인을 찾는 것은 어려울 것으로 생각합니다. 이 전쟁의 현재 상황은 어떻습니까? 나아가 현재 논의되는 사안의 의미는 무엇일까요?

고든 창(이하 창)**:** 우선 한국전쟁은 '잊혀진 전쟁(The Forgotten War)'으로 알려져 있습니다. 타임지가 해당 매체에서 다룬 가장 중요한 사건 80건에 대한 설문조사를 진행한 적이 있는데, 이들은 한국전쟁을 이에 포함시키지 않았습니다. 영화 '스타워즈'는 포함시켰음에도 불구하고 말이죠.

한국전쟁은 사실상 끝나지 않았습니다. 1953년 정전협정으로 전쟁은 중단됐고 이런 정전 상태가 오늘날까지도 이어지고 있습니다.

공식적인 평화협정이 없었는데, 이는 최소한 형식적으로는 여전히 전쟁 상태라는 뜻입니다. 한국에서 미국이 이끌고 있는 유엔군사령부와 북한, 중국 사이의 전쟁이라는 것입니다.

개프니: 정전협정이 체결됐고 전쟁이 진행되던 곳은 그대로 동결돼 버렸습니다. 두 지역 사이에는 비무장지대가 존재하기도 하죠. 한국은 정전협정 이후 엄청난 번영을 이뤄냈는데 북한은 그렇지 않았습니다.

만약 정전협정을 대체하는 하나의 협정을 체결하게 된다면 통일을 위한 길이 열리게 될 것이라는 이야기가 자주 나오고 있습니다. 문제는 어느 쪽이 제시하는 조건에 따른 협정이 될 것인지, 이에 따른 피해가 있지는 않을 것이냐는 것입니다. 어떻게 보십니까?

창: 남북을 막론하고 한반도의 모든 지도자들은 통일에 대해 이야기를 해왔고 이를 지지해왔습니다. 문제는 통일이 어떻게 일어날 것이냐는 점입니다. 북한 사람들은 한국을 흡수해야 한다고 말하곤 하는데 이들은 1950년에 한국을 침략했습니다. 이들은 한반도 전역을 통치하겠다는 야욕을 포기하지 않았습니다.

한국의 지도자들 역시 북한과 어느 정도 타협하려고 노력하지만 실제로 그렇게 하지는 못하고 있습니다. 왜냐하면 북한은 한반도에 대한 완전한 주권을 요구하는 군부정권이기 때문입니다.

한국의 입장

개프니: 문재인 전 정권의 경우는 통일을 간절히 바라는 것으로 보였고 이런 통일이 북한의 방식으로 이뤄지는 것은 아닌지에 대해서도 큰 우려가 없었던 것 같았습니다.

만약 이런 방식으로 정전을 종식시키는 협정이 체결되는 것이 한국인들에게 있어 무엇을 의미하는 것이라고 보십니까? 오랫동안 한국을 지켜줬던 미군을 철수시키는 것과 같은 결과로 이어진다면 말이죠.

창: 문재인은 개인적으로 미국인들을 혐오합니다. 그는 한미동맹을 지지하고 동맹이 평생 유지돼야 한다고 말해왔는데 실제로 그렇게 생각한다고 말할 수도 있습니다. 하지만 그가 하고, 말한 일을 통해 알 수 있듯 그는 그의 가장 중요한 목표를 추진하는 것에 있어 미국을 장애물로 생각하고 있습니다. 이 목표라는 것은 남북한의 통일을 의미합니다.

한 가지 예를 들어보겠습니다. 도널드 트럼프 대통령이 한국을 방문했을 때 그는 문재인과 영부인을 만났습니다. 당시 영부인은 파란 나비 브로치를 착용하고 있었습니다. "와, 좋다"라고 말할 수도 있겠지만 이 파란 나비라는 것은 반미(反美)주의의 상징입니다. 문재인은 미국의 대통령인 트럼프뿐만 아니라 미국을 무시하는 행동을 한 것입니다. 또한 미국과 한국이 같은 편에 서 있다는 생각을 깨뜨리는 것이었죠.

문재인이 2017년 5월 취임한 뒤 대통령으로서 처음으로 한 것은 취임 한 달 뒤 미국이 만든 고고도미사일방어체계(THAAD · 사드) 배치를 멈춘 것입니다. 그는 2017년 10월에는 미국과의 사전 논의 없이 중국의 '3불(不) 정책'에 동의했습니다. 이는 사드 추가 배치는 없을 것이고, (미국) 미사일방어체계(MD) 편입은 없을 것이며, 한미일 간의 3국 군사동맹에 참여하지 않을 것이라는 내용입니다. 3불 정책에 대한 논쟁이 있을 수는 있지만 동맹 파트너에 이에 대한 이야기를 하지 않았다는 것은 파트너 관계라는 것을 위반하는 행위라고 할 수 있습니다. 문재인은 미국이 한반도에서 떠나기를 원했습니다. 다행히도 한국 사람들은 그에게 동의하지 않고 있습니다.

개프니: 북한 정권은 이에 대한 명확한 생각을 갖고 있는 것처럼 보입니다. 또한 미국이 쫓겨나면 어떤 방식의 통일이 됐든 통일로 이어질 것이라는 입장을 문재인이 받아들이도록 하는 것을 매우 기쁘게 생각한 것 같습니다.

만약 이에 대한 책을 쓴다면, 북한이 꿈꾸는 폭력적인 방식, 혹은 한국의 항복으로 이뤄지는 방식, 둘 중 어떤 방식이 될 것 같습니까? 이런 문제가 한국인들뿐만 아니라 역내의 미국의 핵심 이해관계에 어떤 영향을 끼칠 것 같습니까?

창: 글쎄요, 문재인이 그의 방식을 추진했다면, 그가 한국의 민주주의 중 중요한 요소들을 제거해서 북한과 더 잘 어울리게 만들었을 것 같습니다. 이에 대해서는 별다른 의문이 없습니다. 왜냐하면 실제로 한국의 더불어민주당은 한국의 헌법에서 자유라는 개념을 삭제하려고 했습니다. 그렇기 때문에 문재인의 최우선 목표는 통일이었고 이는 한국이 추구하는 방식의 통일이 아니었다고 생각하는 것입니다. 저는 그가 남북한 지도자 중 처음으로 다른 쪽이 제시하는 통일 방안에 찬성한 지도자였다고 생각합니다.

중국의 對北 영향력

개프니: 놀라운 일입니다. 저는 그가 얼마나 문제가 있는 사람이었는지 대다수의 미국인들이 알지 못했다고 생각합니다. 오래된 표현이지만, “문재인 같은 친구가 있다면 누가 적을 필요로 할까”라는 생

각이 듭니다. 만약 북한이 지배하는 한반도가 발생하게 된다면 해당 지역에 어떤 의미로 작용하게 될까요? 중국의 더 큰 야욕에 대해서도 궁금합니다. 현재 중국과 북한의 관계는 어떠한가요? 이에 대한 이야기를 듣고, 이와는 다른 상황은 어떤 모습일지를 알아보도록 하겠습니다.

창: 10년 전 즈음을 떠올려 보면 한국 분석가들 사이에서 중국이 북한에 대해 어느 정도의 통제력을 갖고 있는지에 대한 논의가 많이 이뤄졌습니다. 왜 그랬느냐 하면, 하나의 예로 중국의 지도자인 시진핑이 트럼프 대통령과 진행한 첫 번째 회담에서, "아니다, 우리는 (남북한의) 한국인들을 통제할 수 없다"고 말한 것을 들 수 있습니다.

하지만 중국이 북한을 어떻게 직접적으로 통제하고 있는지를 생생하게 지켜보게 됐습니다. 당시 북한의 지도자 김정은은 시진핑의 방북 전 중국을 네 차례나 찾아갔습니다. 이는 북한에 대한 중국의 힘을 제대로 보여주는 사례입니다.

김정은은 그의 첫 해외 방문이 문재인과 만나는 비무장지대가 되길 바랐습니다. 다시 말해 남북한 간의 만남인데요. 이 소식을 접한 중국은 단호하게 말했습니다. "안 된다"는 것이었죠.

김정은은 첫 해외순방으로 베이징을 찾았습니다. 김정은의 네 차례의 방중(訪中) 중 한 번은 그의 생일에 이뤄졌습니다. 생일을 중국 수도에서 보낸 것인데 이를 보면 어떤 상황인지를 알 수 있을 것입니다.

김정은은 트럼프 대통령과의 역사적인 2018년 싱가포르 회담에 참석할 때 중국산 점보기를 타고 갔습니다. (중국은) "우리 중국이 북한을 소유하고 있다"는 메시지를 트럼프에게 전하게 된 것이죠.

개프니: 제 기억이 맞다면 김정은은 도널드 트럼프를 만날 때마다 시진핑이나 그의 참모들에게 확인을 받았습니다. "이 사람들(북한)은 우리(중국)를 위해 일한다"는 명확한 메시지인 것이죠.

한 가지 지적하고 싶은 것이 있습니다. 과거 북한과의 이해관계를 구축하려는 노력 과정에서 항상 이를 위해서는 중국공산당의 도움을 받아야 한다는 이야기를 들어왔습니다. 한반도의 평화가 됐든, 비핵화가 됐든, 북한의 핵무기 프로그램을 제한하는 논의 그 무엇이었든 말이죠. 미국은 항상 중국을 대화 상대자로 대해야 했습니다. 실제로 그렇습니까? 미국에 큰 도움이 되지 않았음에도 대가를 지불한 것은 아닙니까?

창: 조지 W 부시 행정부는 6자회담 절차를 시작했습니다. 부시 행정부는 북한의 비핵화보다 중국과의 관계를 우선시했습니다. 왜냐하면 중국과 관계를 맺으려고 했고 이런 과정에서 중국이 책임 있는 역할을 할 수 있게 만들기 위해서였습니다. 이는 당시 부시 행정부가 중국의 영향력이 크다고 느꼈기 때문입니다.

그런데 중국이 6자회담 과정에서 한 일은 북한을 비핵화시키려는 것이 아니라 미국이 북한과 멀어지게 만든 것이었습니다. 이는 북한을 보호하기 위함이었는데 이 때문에 6자회담은 실패했습니다.

중국은 북한을 미국과 일본, 한국, 나아가 국제사회 모두에 대한 일종의 무기로 사용했습니다. 중국은 북한의 무기 프로그램을 통해 이란을 비롯한 전세계에 기술을 판매했습니다.

北中 동맹

개프니: 북한의 핵무기 프로그램에 대한 중국의 다른 개입이 있었습니까? 파키스탄을 비롯한 다른 국가를 통해서가 됐건 직접이 됐건 북한의 핵 프로그램을 (중국이) 만들어줬다고 말하는 것은 과장일까요?

창: 둘 다였습니다. 중국은 A.Q 칸의 암시장(暗市場)을 통해 파키스탄의 우라늄 농축 기술이 북한에 들어가도록 했습니다. 중국은 북한의 핵무기 프로그램을 위한 물건들을 국경을 통해 직접 판매하기도 했습니다.

중국은 북한에 자금을 지원했고 북한은 중국의 은행들을 이용해 돈세탁을 했습니다. 중국은 북한에 외교적 도움을 주기도 했습니다. 국제원자력기구(IAEA) 이사회뿐만 아니라 유엔 안전보장이사회에서도 말이죠. 중국은 북한이 전세계를 괴롭힐 수 있도록 해왔던 것입니다.

개프니: 언급했듯 중국은 북한이 핵무기를 운반할 수 있는 미사일 프로그램도 구축하도록 해줬습니다. 이동식발사대(TEL)를 판매한 것을 포함해서 말이죠. 이것이 무엇을 의미합니까? 제 기억이 맞다

면, 중국공산당의 입장은 "아니다, 이는 단지 목재를 운반하기 위한 것이었다"는 것이었는데요. 사실이라고 생각합니까?

창: 중국은 최소 6대의 TEL을 북한에 판매했습니다. 이것이 중요한 이유는 당시만 해도 북한의 미사일은 그렇게 위협적이지 않았기 때문입니다. 북한이 미사일을 수송하고 발사대에 장착, 연료를 주입한 뒤 실제 발사를 하기까지는 몇 주가 걸렸습니다. 20세기 기술로도 이를 쉽게 파괴시킬 수 있었습니다. 하지만 북한을 실질적인 위협으로 만든 것은 중국이 북한에 판매한 TEL과 고체연료 미사일 기술의 결합이었습니다.

북한이 보유하고 있는 고체연료 미사일은 중국의 JL-1 잠수함 미사일로 보입니다. 또한 북한이 2021년 9월에 실험한 극초음속미사일 역시 중국에서 온 것 같았습니다. 북한이 갑자기 침대에서 일어나서 현재까지 중국과 러시아, 미국만 보유하고 있는 이 기술을 개발했을 것으로 보이지 않았기 때문입니다.

개프니: 이 문제를 차치하고서라도, 러시아와 중국이 미국보다 이 무기를 훨씬 더 많이 갖고 있다고 생각합니다.

창: 이들은 기술 개발에 있어서도 훨씬 앞서 있습니다. 어찌 됐든 북한은 극초음속미사일을 스스로 개발하지 않았습니다.

개프니: 저도 그렇다고 생각합니다.

창: 중국으로부터 받았을 확률이 99.99999%라고 생각합니다. TEL은 중국이 북한으로 하여금 실질적인 위협이 되길 바랐던 것을 시사합니다. 오바마 행정부 당시 중국에 이런 문제를 제기했을 때 이들은 "섀시(chassis · 注: 자동차의 기본을 이루는 차대)를 판 것뿐이고 이들(북한)은 이를 벌목하는 데 사용할 수 있을 것"이라고 말했습니다.

우선 북한의 벌목 지역으로 가는 길은 TEL보다 폭이 좁습니다. 북한은 심각한 삼림 벌채로 인해 벌목을 전혀 하지 않았습니다. 여러 이유 때문인데요. 불행하게도 오바마 행정부는 이와 관련해 어떤 조치도 취하지 않았습니다. 하지만 중국은 북한이 미국에 실제적인 위협이 되기를 바랐던 것이 확실합니다.

개프니: 네, 맞습니다. 그렇게 된 것이군요.

한반도의 가짜 평화

개프니: 미국 하원에 발의된 H.R.3446, 이른바 '한반도평화법안'에 대한 이야기를 나눠보고자 합니다. 참 좋은 내용의 법안처럼 들리네요.

창: 누가 평화에 반대할 수 있겠습니까?

개프니: 네, 반대할 수 없겠죠. 이 법안에 어떤 문제가 있다고 보십니까? 이를 추진하는 동기는 무엇인가요? 최소한 이 미국에서

말이죠. 해외에서 이를 추진하는 이유에 대해서는 꽤 잘 알려져 있는데요.

창: 모든 사람들이 평화라는 개념을 좋아합니다. 형식적으로 전쟁 상태인 국가가 있는데, 평화협정이 체결되면 '평화'가 올 것이라는 생각입니다. 실질적인 문제는 한국의 좌파들이 이런 말을 할 것이라는 것을 모두 다 알고 있다는 점입니다. "음, 평화협정을 체결했으니 미국과의 동맹은 필요 없고 한반도에 미군이 주둔할 필요도 없다"는 이야기죠.

한미동맹과 주한미군은 한국을 보호하고 있습니다. 실제로 이들은 평화롭고 안정적인 한국을 보장해주는 것들입니다. 이게 우려스러운 부분입니다. 문재인은 좌파 성향이기도 한데 친북 성향의 고위 참모들에게 둘러싸여 있었습니다. 이들은 계획이 무엇인지에 대해 대놓고 말하기도 했습니다. 미국인들을 쫓아내고 한반도의 통일을 환영한다는 것이었습니다. 이는 매우 명백히 알려진 일입니다. 이들이 무엇을 하고 싶은지 공개적으로 밝혔었죠.

개프니: 미국에 이런 일이 일어나고 있는 이유가 궁금합니다. 평화라는 것은 좋은 것이기 때문에 이를 촉진해야 한다는 생각을 뛰어넘는 것 같습니다. 이 법안에 지지 의사를 밝힌 사람들 대부분, 혹은 모두가 극좌 성향입니다. 이들은 본인들을 진보라고 부르지만, 이들의 성향은 마르크스주의자처럼 보입니다.

이 사람들이 최소 한국의 좌파들에 의해 속고 있거나 이용당하고 있다고 생각하십니까? 아니면 앞서 언급했듯 영향력을 행사하는 정보전을 포함한 더 큰 규모의 중국공산당의 정치적 전술에 이용되고 있다고 생각합니까? 미국을 전복시키고 자신들을 더욱 강력하게 만들려는 목표의 일환에서 말이죠.

창: (법안을 발의한) 브래드 셔먼이나 이를 지지한 의원들의 동기는 알지 못합니다. 다만 저는 북한이 미국에서 이들의 주장을 퍼뜨리기 위해 매우 열심히 노력하고 있다는 점이 우려됩니다. 이들은 재정 지원을 잘 받고 있고 이를 통해 영향력을 퍼뜨리려 합니다. H.R.3446은 북한이 진행하고 있는 일 중 일부라고 생각합니다. 이들이 북한에 속아 넘어간 것인지, 아니면 이들이 북한과 공모를 한 것인지는 상관이 없습니다. 어찌 됐든 이에 따른 피해가 발생할 것이기 때문이죠.

개프니: 우려스러운 부분이 이 때문인 것 같습니다. 미국의 의회가 이런 아이디어에 더 큰 규모로 빠지게 된다면 말이죠. 어쩌면 이는 그냥 기분을 좋게 만들기 위한 일이었을 수도 있습니다. 혹은 평화에 대한 전망을 더 좋게 만들지도 모릅니다. 왜냐하면 미국이라는 국가가 영구적인 합의를 원하고 더 이상 이런 정전체제에서 살고 싶지 않다는 인상을 줄 수 있기 때문입니다.

의도를 했든 안 했든, 언급하신 대로 영구적인 평화와는 정반대의 결과라는 매우 심각한 일로 이어질 수 있습니다. 북한과의 갈등을 새롭게 만드는 것일 수도 있죠.

창: 한반도의 평화를 위해서는 세계에서 가장 호전적인 정권이 북한에 있어서는 안 됩니다. 북한 정권은 엄청난 규모의 군대를 갖고 있고 한국을 제거하려는 데 진심입니다. 또한 이들은 한국을 위협으로 보고 있죠.

북한 주민들은 궁핍한 생활을 하고 있다는 점을 상기할 필요가 있습니다. 김씨 정권은 다음과 같은 말을 하며 주민들이 반발을 하지 못하도록 하고 있습니다. "북한을 건국한 김일성의 주체사상, 그리고 북한의 통치하에 한반도를 통일시킨다는 중요한 이상을 위해 당신들은 희생을 감수하고 있다"고 말이죠.

이것이 핵심입니다. 북한에 실질적인 평화를 원하는 지도자, 한국과의 공존을 원하는 지도자가 들어서기 전까지는 미국을 (한반도에서) 떠나게 하는 것을 비롯한 그 어떤 변화도 새로운 적대적 상황, 민주주의의 소멸로 이어질 것입니다.

개프니: 한국에서도 실질적인 가치가 있는 평화를 구축하려고 하는 책임감 있는 정권이 들어서야 한다는 말을 하고 싶습니다.

한국인들의 염원

창: 한국의 좋은 점은 한국이 민주주의 국가이고 대다수의 한국인들은 미국이 그곳에 있기를 원한다는 것입니다. 금세기 초에 아내와 함께 한국에 갔을 때만 해도 대다수의 젊은 한국인들은 매우 좌파적이었습니다. 이들은 미국이 그냥 떠나기를 바랐습니다. 오늘날의 젊

은 한국인들은 친미적입니다.

이들이 미국을 사랑한다는 것은 아닙니다. 이들은 미국이 한국을 보호하기 위해 한국에 있는 것이고 미국이 없다면 그들의 조국도 없다는 사실을 알기 때문입니다.

권력을 잡았던 문재인과 그의 추종자들의 경우 이들의 조국은 한국이 아닙니다. 이들에게 있어 조국은 한반도 전체이고 이들은 통일을 위해서라면 민주주의와 번영 등 모든 것을 포기할 생각을 갖고 있습니다. 왜냐하면 이들은 별로 중요한 것이 아니기 때문입니다. 이들에게 있어 중요한 것은 한반도의 통일입니다. (注: 위 문단 첫 문장의 '한국'은 South Korea, 두 번째 문장에 있는 '한반도 전체'의 원문은 Korea였다. 의미 전달을 위해 의역했음을 밝힌다.) 다행히 이들은 한국 유권자들에게 큰 지지를 받지 못하고 있습니다. 정치적인 힘은 있지만 국민의 지지는 없는 것입니다.

개프니: 이것이 무엇을 의미할까요? 독자 중 일부는 미국인이고 H.R.3446을 지지할지 여부를 결정할 사람들은 이들을 대표하고 있습니다.

제 생각에는 한국 사람들이 무엇을 원하는지를 아는 것이 매우 중요하다고 생각합니다. 이들을 대표하고 있는 정부가 무엇을 원하는지와는 상관없이 말이죠. 한국 대중의 여론이 미국에 갖고 있는 생각, 혹은 이런 협정에 대해 갖고 있는 태도와 정부의 생각이 다르다는 것이 중요할까요? 문재인 정권이 여전히 권력을 잡고 있다고 가정했을 때 미국이 미국뿐만 아니라 한국인들의 이해관계에 부합하도록 어떻게 도울 수 있을까요?

창: 문재인의 임기는 단임제였습니다. 2022년 3월에 대통령 선거가 있습니다. 한국 정치에 있어 흥미로운 점은 최근 보수 성향의 대통령이 두 명, 진보 성향의 대통령이 두 명씩 (번갈아) 있어 왔다는 것입니다. 문재인은 보수 성향의 대통령 두 명 이후 당선된 진보 대통령이었습니다.

하지만 문재인은 인기를 잃었고 이런 패턴이 깨질 것이라는 전망이 나왔습니다. 그가 인기를 잃게 된 이유는 그의 실패한 국내 정책 때문만이 아니었습니다. 그의 사회주의적 정책은 경제성장을 이뤄내지 못했고 그의 다른 실패들에 따른 암울한 상황에 사람들은 반응했습니다. 이에 따라 2022년 3월 대통령 선거에서 보수 성향의 대통령이 나올 수 있다는 희망이 일고 있습니다. (注: 대담은 선거에 앞서 진행됐다.)

개프니: 브래드 서먼 의원이나 H.R.3446을 지지하려 하는 사람들을 만나게 되면 어떤 메시지를 전달하고 싶으십니까? 한반도의 평화가 사실은 전쟁의 원인을 초래하지는 않을까라든지 말이죠. 한국인들의 염원, 이들이 평화협정이나 한미동맹에 대해 어떻게 생각하는지에 대한 의견을 반영할 수 있게끔 말입니다.

창: 평화협정은 사실 그리 중요하지 않습니다. 북한에 한국을 공정하게 다룰 의사가 있는 정권이 들어서야 합니다. 한국에 대한 영토

주장을 포기하고 평화를 진심으로 원하는 정권이 북한에 들어선 상황이라면 모든 사람들이 평화협정을 당연히 원할 것입니다. 하지만 그런 일이 생기기 전까지는 현상유지를 해야 합니다. 이런 변화가 생겼다는 어떤 신호도 없습니다.

현상유지는 한국에서 이른바 '한강의 기적'이라는 엄청난 성장이 일어나도록 했습니다. 이는 미국이 한반도의 평화와 안보를 보장했기 때문이고 이로 인해 한국이 성공적일 수 있었습니다.

이것이 제가 브래드 셔먼 의원에게 보내는 메시지가 될 것입니다. 정전협정이냐 평화협정이냐가 중요한 것이 아닙니다. 북한 정권의 실상이 어떠한지가 핵심입니다. 이는 군부정권이고 호전적이며 한국을 파괴하고자 합니다.

개프니: 이런 일이 발생하는 것을 막는 것이 핵심이겠군요.

창: 네, 물론입니다.

개프니: 훌륭한 결론에 감사드립니다.

고든 창 후기

한국은 보수 성향에 친미적인 윤석열 대통령을 갖게 됐다. 다만 윤석열의 선거 승리가 모든 것을 바꾸지는 않았다. '진보'라는 좌파주의자들은 2022년 3월 선거에서도 만연했고 정치권에서 사라지지 않을 것이다. 이들은 이들이 추구하는 친북, 친중 어젠다를 계속해서 추진할 것이고 한국 정권을 불안정하게 만들기 위해 노력할 것이다. 한국은 여전히 위험에 처해 있다. 미국은 한국이 민주주의적이고 번영하며 자유로운 국가로 남을 수 있게 새롭게 출범한 윤석열 정부와 협력해야 한다.

프랭크 개프니의 요약

고든 창이 왜 미국에서 가장 높이 평가받는 아시아 전문가 중 한 명인지 다시 한 번 확인할 수 있는 시간이었다. 한반도의 평화를 추구하는 것과 관련한 그의 분석 중 몇 가지는 강조할 필요가 있다.

우선, 그는 미국의 양당 출신 행정부 모두 관여를 시작하면 보상을 받게 될 것이라는 믿음을 가진 실수를 저질렀다고 했다. 그렇게 되면 중국이 이들의 대리국가인 북한을 비무장하는 것을 도울 것이라고 말이다. 하지만 중국공산당은 북한의 핵무기 프로그램을 실제로 가능케 했다. 노하우, 기술, 물자, 자금을 간접적으로 지원하는 방식을 통해서 말이다. 또한 중국은 미국과 미국의 동맹국에 대한 '초한전'을 벌이는 과정에서 김씨 왕조와 북한의 핵무기를 사용해 이익을 얻었다는 것이 고든 창의 분석이다.

고든 창은 한국전쟁을 공식적으로 끝내기 위한 합의에 도출한다는 또 다른 걱정스러운 계획에 대해서도 경고했다. 정전협정은 70여 년 전 전쟁을 멈췄지만 북한은 완전한 무장 상태를 유지하고 있고 무력을 통해 한국을 통일시키는 방안을 달성하겠다고 밝혀왔다.

약속을 지키지 않고 있는 북한의 역사를 감안하면 종전협정을 체결해야 한다는 생각은 잘못된 것으로 보인다.

고든 창은 정전협정 체결 이후부터 수만 명의 미군이 한국에 계속 주둔한 덕분에 한국이 오늘날 세계 10대 경제 대국이 될 정도로 번영하게 됐다고 했다.

불행하게도, 2017년 한국의 문재인 대통령이 집권했을 때, 그는 남북한의 통일을 끈질기게 추구했고 그것이 북한이 원하는 대로 이뤄질지 여부에 대해서도 무관심한 모습을 보이기도 했다. 문재인은 미국을 통일의 장애물로 보고 있다. 그는 한국전쟁이 공식적으로 끝나게 되면 미군이 한반도에 주둔할 필요가 없게 되고 이에 따라 남북한이 통일을 하게 되는 길을 만들어낼 것으로 봤다.

다행히도 많은 한국인들은 이와 같은 위험한 실험에 참여하고 싶지 않아 했다. 2022년 3월 치러진 한국의 대통령 선거는, 국가의 노선을 수정하는 것이 가능해졌고 종전선언이 이전과 같은 방식으로 추진되지 않게 된다는 것을 의미했다.

고든 창은 미국 의회의 몇몇 인사가 종전선언이라는 도박을 지지하고 있는 것에도 우려를 표했다. 그는 이와 같은 법안에 반대한다는 의견을 냈고 김씨 일가가 북한을 통치하는 이상 그 어떤 평화협정도 또 하나의 폭력적인 충돌로 이어질 가능성이 있다고 내다봤다.

다음 장에서는 또 한 명의 저명한 북아시아 전문가인 그레그 스칼라튜 북한인권위원회(HRNK) 사무총장과 함께 북한 정권에 의해 자행되는 반인도주의 범죄에 대한 이야기를 나눌 계획이다. 루마니아 차우셰스쿠 치하를 경험했고 김씨 왕조를 오랫동안 분석한 그는 공산주의하에서의 삶이 어떤지를 잘 알고 있는 사람이다.

LIVING WITH

DICTATORS

By Greg Scarlatoiu

북한을 폭로하다

3

그레그 스칼라튜

그레그 스칼라튜는 워싱턴 DC에 위치한 북한인권위원회(HRNK)의 사무총장이다. 그는 한국외국어대학교 객원교수이며 국제한국학협의회(ICKS)의 부회장이다. 그는 지난 19년간 자유아시아방송(RFA)에 '스칼라튜 칼럼'을 게재하고 있다.

그는 워싱턴 DC 소재 한미경제연구소(KEI)에서 3년을 근무했고 6년 이상 국제개발 업계에서 활동했다. 그는 서울대학교에서 국제관계학 석사 및 학사 학위를, 터프츠대학교 플레처스쿨에서 법·외교과정 석사 학위를 받았다. 그는 국가안보 전문가들을 대상으로 한 매사추세츠공대(MIT) XXI 세미나를 수료했다. 그는 1999년 1월 '서울 명예시민상'을 받았다. 루마니아 공산주의 정권에서 태어나 자란 그레그 스칼라튜는 이후 미국 시민권을 취득했다. 그는 영어와 한국어, 프랑스어에 능통하고 루마니아어를 모국어로 한다.

개요

북한에서 일어나고 있는 현재의 일들이 전세계의 나머지 지역들에 어떤 영향을 끼칠 수 있을까? 이 장에서는 HRNK에서 10년 이상 사무총장으로 활동해오고 있는 그레그 스칼라튜가 김씨 왕조 독재의 광범위한 함의를 폭로한다.

그는 북한 정권에 의해 강요된 억압적인 사회에 초점을 둔 활동을 이어가고 있으며 북한에 대해 과거 알려지지 않았던 사실과 진실을 수집해왔다. 그는 특히 북한의 암울한 인권 상황을 집중적으로 연구했다.

워싱턴 DC에 거주하는 스칼라튜는 루마니아 니콜라에 차우셰스쿠 독재 정권하에서 자랐다. 당시 루마니아는 북한을 모델로 삼았는데 이에 따라 스칼라튜는 일찍부터 북한에 대해 배울 수 있었다.

그는 공산주의 정권들에서 숨을 쉬며 살아왔다. 그는 독재자들이 인권과 자유, 민주주의에 대한 탄압을 계속 이어가는 과정에서 해당 국가에 대한 지배권을 절대 포기하지 않아 발생하는 문제들에 대한 해결책을 찾고 있다.

인권은 북한 문제의 핵심이다. 투명성이 결여된 곳에서 어떻게 이런 문제를 검증할 수 있을까? 반인도주의 범죄를 자행하고, 무자비하며 뉘우치지 않는 인권 부정론자가 통치하는 정권과 어떻게 신뢰를 구축할 수 있을까?

인권은 북한의 완전하고 검증 가능하며, 되돌릴 수 없는 비핵화(CVID)를 이뤄내는 데 있어 장애물이 아니다. 인권을 부정하는 사람을 사라지게 하는 것이 갈라진 한국을 다시 바로잡는 일이 될 것이다. 우리는 항상 북한의 인권 상황을 무시하곤 하는데 이는 김씨 정권에 힘을 실어주는 일이다.

전세계의 안정을 위협하는 일들을 매일 같이 접하는 과정에서는, 불안정한 정권에 사로잡혀 상상할 수 없는 경험을 하고 있는 사람들을 간과하기 쉬워진다. 이는 우리 모두에게 중요한 문제이다. 북한 등 제대로 작동하지 않는 정권에 의해 가해지는 인권 유린의 위협을 줄이는 방안을 다 함께 찾아야 한다.

그레그 스칼라튜는 이 문제를 해결하기 위해 많은 노력을 해왔다. 그는 북한의 자유와 인권 회복을 위한 길을 찾기 위해 노력하고 있으며 현재 어떤 일이 벌어지고 있는지에 대해 방송 시리즈 '살아 있는 현안(Issues Alive)'에서 프랭크 개프니와 대담을 나눴다.

앞으로 소개될 내용은 2022년 3월 13일 미국과 영국을 비롯한 전 세계에 실시간 라이브(www.NTD.com/LIVE)로 소개된 NTD 방송 대담 내용이다. 해당 시리즈의 제목은 '살아 있는 현안(Issues Alive)'이었다.

그레그 스칼라튜와의 대담

개인적인 사명

프랭크 개프니(이하 개프니): 저는 프랭크 개프니입니다. 오늘 흔히 '은둔의 왕국'으로 알려진 북한 문제를 집중적으로 다루고 있는 그레그 스칼라튜와 대화를 나누려 합니다. 북한은 자국민을 잔인하게 학대하고 저희와 같은 많은 사람들을 위협하는 국가입니다. 그는 미국은 물론 전세계에서 북한 문제 관련 가장 권위 있는 사람 중 한 명입니다. 그는 인생의 대부분, 사회생활의 대부분, 그리고 그의 에너지를 저희와 같은 사람들로 하여금 북한으로부터 직면한 도전과제들을 이해하고 인식하도록 하는 데 바쳤습니다. 또한 잔인한 북한 김씨 왕조로부터 주민들을 구출하기 위해 무엇을 할 수 있을지를 연구하기도 했는데요.

그는 HRNK의 사무총장입니다. 이는 북한 주민들이 겪고 있는 고통, 그리고 우리가 이와 관련해 어떤 일을 할 수 있을지를 전문적으로 분석하는 중요한 단체입니다. 오늘 함께 해주셔서 감사합니다.

그레그 스칼라튜(이하 스칼라튜): 저야말로 영광입니다. 초대해주셔서 감사합니다.

개프니: 멀리 떨어져 있고 매우 고립된 나라에 대한 전문지식을 갖고 있는 사람은 많이 없다고 생각합니다. 과거 공산주의 국가였던 루마니아에서 태어난 사람이 어떻게 북한 문제 전문가가 됐는지 알려주시기 바랍니다.

스칼라튜: 우선 제가 전문가라는 것은 과찬인 것 같습니다. 저는 아직도 한반도 문제를 연구하는 학생이고 아직 배울 것이 많습니다. 저는 귀화한 미국인인데 차우셰스쿠 정권하의 공산주의 루마니아에서 태어나고 자랐습니다. 차우셰스쿠 정권이 무너지던 1989년 12월 저는 부쿠레슈티의 한복판에 있었습니다. 부쿠레슈티 대학교에서 영어와 문학을 전공하던 1학년 학생이었습니다. 당시만 해도 저는 루마니아 밖을 떠나본 적이 없었습니다.

차우셰스쿠는 1971년 북한을 처음 방문한 뒤 김일성과 친구가 됐고 김일성을 친애하는 최고지도자로 숭배하는 북한의 체제와 사랑에 빠졌습니다. 차우셰스쿠가 루마니아를 '동유럽의 북한'으로 만들고자 했다는 사실을 기억할 필요가 있습니다. (루마니아에서의) 1980년대의 삶이라는 것은 암흑, 정전(停電), 물 공급 중단, 식량 배급을 위한 줄밖에 없었습니다. (안 좋은 것은 루마니아에) 다 있었다고 볼 수 있습니다.

개프니: 탄압도 있었겠죠.

스칼라튜: 끔찍한 탄압이었습니다. 완전한 탄압이었죠. 루마니아는

1990년대 초에 들어 개방을 하기 시작했습니다.

개프니: 처음에는 (루마니아에 있어 북한이) 소련식 공산주의에 대한 일종의 대안이 될 것으로 생각했던 것입니까?

스칼라튜: 네, 맞습니다. 루마니아 혁명의 최전선에 있었던 운동가 중 일부는 저희가 알고 있는 자본주의와 자유, 민주주의와 인권을 지지하지 않던 사람들이었습니다. 전환기 과정에서 물러난 사람들의 상황은 매우 어려웠습니다. 전환기의 정의 구현 과정이 적절하지 않았고 이로 인해 루마니아는 그렇게 오랫동안 어려운 시간을 보내야만 했습니다.

루마니아는 1949년 이후 (한반도에서는) 북한과만 관계를 맺어 왔습니다. 이후 1990년 3월에 한국과도 관계를 맺었습니다. 저는 유학 장학금을 받기 위한 시험을 봤습니다. 제가 유학 장학금을 받게 될 것이라고는 생각하지 못했지만 (국가) 개발 모델에 대해 열심히 공부하고 있었기 때문에 이에 대한 에세이들을 쓰게 됐습니다.

당시 쓴 에세이 중 하나는 경제 개발을 가속화한 한국의 개발 모델인 '한강의 기적'에 대한 것이었습니다. 이 무렵 부쿠레슈티에 새로 들어선 한국 대사관이 제 에세이를 보고, "이 젊은이가 한국에서 공부하는 첫 번째 루마니아인이 되길 바란다"고 한 것입니다.

그렇게 저는 루마니아를 처음 떠나 서울에 가게 됐습니다. 서울대학교에서 언어교육 학사 및 국제관계학 석사 과정을 밟았습니다. 언론 쪽에서 몇 년을 근무하기도 했죠. 제 아내도 한국에서 왔습니다. 물론 아내도 지금은 미국으로 귀화했습니다.

그런 뒤 미국으로 오게 됐습니다. 매사추세츠주에 있는 터프츠 대학교의 플레처스쿨을 다녔습니다. 2002년부터 워싱턴 DC에서 생활하며 국제개발 관련 일을 했습니다. 이후 워싱턴 DC의 한미경제연구소(KEI)에서 근무했고 워싱턴에 있는 북한 인권 단체인 HRNK에서 10년 이상 사무총장으로 활동하고 있습니다.

저는 이런 질문을 종종 받고는 합니다. "잘 모르겠다, 당신은 한국인처럼 보이지 않는데 왜 이런 일을 하고 있는 것이냐"는 질문입니다.

매우 개인적인 사명이라고 생각합니다. 흥미로운 여정을 경험했다고 생각하는데요. 지난 31년간 성취감과 보람이 있는 여행을 할 수 있는 축복을 받았습니다. 저는 김일성의 북한과 가장 비슷한 동유럽 국가에서 태어나 자랐고, 10년간 분단된 한반도에서 공부도 하고 일도 하며 생활했습니다. 제겐 정말 개인적인 사명인 것입니다.

저는 "언제 새로운 일을 알아볼 것인가, 언제까지 이 일을 할 것이냐"는 질문도 종종 받습니다. 제 대답은 "될 때까지"입니다.

개프니: 잘됐네요.

영원한 독재는 없다

개프니: 제겐 매우 흥미로운 일인데요. 저는 젊었을 때 스쿱 잭슨 상원의원 밑에서 일했습니다. 그는 당시 루마니아에 많은 관심을 갖고

있었습니다. 서방세계와의 관계를 구축하는 것에 관심이 있던 루마니아의 상황을 이용해 고통받는 루마니아인들, 나아가 반체제 인사들을 도울 수 있을지도 모른다는 생각 때문이었습니다.

흥미로운 점은 오늘의 주제와도 관련이 있다는 것입니다. 푸틴의 러시아, 시진핑의 중국, 김씨 왕조의 북한 등 억압적인 정권에 대한 상황을 보면 이들이 영원히 통치를 할 수도 있다는 이야기를 자주 듣게 됩니다.

당신이 온 루마니아에서 한때 영원한 통치자로 군림했던 니콜라에 차우셰스쿠와 그의 부인의 운명은 시체가 된 것이었습니다. 루마니아의 비밀경찰인 세쿠리타테(Securitate)가 이들을 공격하기로 결정했기 때문이었는데요. 앞서 언급했듯 이는 '지저분한 정권 교체'였지만 민주주의를 향한 전환인 것은 맞습니다. 북한 주민들을 위한 일을 하고 있는 당신에게 이런 사례가 어떤 희망을 줄 것 같은데요.

스칼라튜: 물론입니다. 그리고 루마니아에 있었던 이런 중요한 문제를 위해 일해주신 것에 감사를 드립니다. 저는 어떤 독재정권도 영원하지 않다는 말을 스스로 자주 하곤 합니다. 어떤 독재도 영원하지 않으며, 얼마나 힘든 일일지 모르겠지만 북한에서도 이런 독재가 끝날 것이라는 생각입니다.

차우셰스쿠 시절의 루마니아는 지금의 북한 수준으로 억압적이었던 것은 맞지만 한 가지 근본적으로 다른 점이 있습니다. 루마니아인들은 공산주의 정권이 들어서기 전 다른 정치 체제를 경험해 본 것입니다. 어떤 것은 좋았고, 어떤 것은 나빴으며, 어떤 것은 끔찍했다는 것을 알고 있었죠. 그러나 루마니아인들은 현대의 헌법에 익숙해졌습니다. 입헌 군주제와 현대 헌법 시대를 살아왔었습니다. 이는 벨기에 헌법에서 많은 영감을 받은 것이었습니다.

물론 1930년대와 1940년대, 그리고 1980년대 후반까지 끔찍한 시간을 보냈습니다. 그렇기는 하지만 다른 대안을 알고 있었던 것입니다.

개프니: 네, 맞습니다.

스칼라튜: 북한의 경우는 이들이 경험한 것이 전체주의 정치 체제뿐입니다. 기본적으로는 소련의 스탈린식 공산주의가 김일성에 의해 북한에 들어가게 됐습니다. 김일성은 북한으로 돌아갔을 때 소련 붉은 군대의 군복을 입고 있었습니다. 그 이전에는 40년간 이어진 잔혹한 일본의 점령 시기였죠.

저는 한국과 일본, 그리고 미국이 자연스러운 동맹국이자 친구, 파트너라고 생각합니다. 일본과 한국이 과거에 대해 화해를 하고 이들 사이의 이견을 해결하는 방안을 찾기를 바란다는 말을 하고 싶습니다. 40년간 이어진 일본의 점령기 이전에는 봉건 조선왕조 500년이 있었습니다. 조선왕조와 관련해 훌륭한 일들이 많지만 정치적으로는 매우 억압적이었습니다. 억압적인 정치 체제였죠.

무자비한 김씨 정권에 대한 위협

개프니: 김씨 왕조의 성격과 이들의 억압이 북한의 정치 체제뿐만 아니라 북한 주민들에게 가하는 인권 유린의 공포에 대한 이야기를 더 듣고 싶습니다.

스칼라튜: 북한 김씨 정권의 근본적인 목표는 명확합니다. 자신의 생존을 보장하는 것입니다. 지금부터 제가 하고자 하는 말은 터무니없게 들릴지도 모릅니다. 김씨 정권은 북한 내부에서는 정치적 경쟁을 받지 않고 있습니다. 유일한 경쟁 상대는 또 다른 한국, 즉 남한입니다. 부유한 나라, 세계 10위의 경제대국, 진정한 경제 강국, 문화 강국, 한류 열풍의 창시자인 한국입니다. '오징어 게임'을 비롯한 여러 드라마, 영화, 음악, K-Pop 등은 전세계를 강타한 바 있습니다.

이렇게 '위대한 한국'이 존재하는 것입니다. 이런 '위대한 한국'이 지금과 같은 모습으로 계속 존재하는 한 김씨 정권은 이를 자신들의 생존에 가장 큰 위협으로 간주할 것입니다.

개프니: 다음에 다루고자 하는 주제와 관련이 있는데 이를 다루기 전에 우선 북한 정권의 무자비함에 대해 이야기를 나눠보겠습니다. 일반 주민들은 물론, 정권에 대한 환멸이나 불만을 표현하는 사람들을 어떻게 대하고 있느냐는 것입니다. 모두 다른 배경과 목표를 갖고 있는 주민들이지만 같은 운명에 처해있는데요. 어떻게 보십니까?

스칼라튜: 북한 정권은 잘못된 사상가들, 잘못된 일을 하는 사람들, 잘못된 단체에 소속된 것으로 알려진 사람들을 엄격하게 단속합니다. 이들이 누구인지 어떻게 알까요? 방대한 보안 장치를 통해서입니다. 북한에는 총 세 곳의 국내 공안기관이 있는데 총 27만 명의 요원들이 활동하고 있습니다.

개프니: 전체 인구가 몇 명인데요?

스칼라튜: 2500만 명입니다. 루마니아 비밀경찰의 경우는 인구가 2300만 명일 때 총 1만4000명에 불과했습니다. 현재의 북한 상황과 비교해 보십시오.

개프니: 지속적이었고 잘 훈련된 억압 작전이었죠.

스칼라튜: 네, 맞습니다. 루마니아의 경우 50만 명의 내부 정보원이 있었다는 점을 기억할 필요가 있습니다. 훗날 공개된 기밀문서에서 확인된 것인데요. 북한의 경우는 모든 사람이 정보원이 돼야 합니다. 모든 사람이 말이죠.

개프니: 심지어 가족을 상대로도 그렇죠.

스칼라튜: 가족, 그리고 이웃을 상대로도 말입니다. 모든 사람들은 이웃감시시스템인 '인민반'에 참여해야 합니다. 매주 사상 교육 모

임에 참석해 지난주에 저지른 죄를 고백합니다. 10대 강령을 계속 되새길 것을 약속하기도 합니다.

개프니: 쉽게 말해 세뇌이군요.

스칼라튜: 네, 맞습니다. 북한은 문서상으로는 꽤 괜찮은 것처럼 보이는 헌법과 법률을 갖고 있습니다. 북한은 인권을 보호하겠다는 국제조약에도 가입돼 있습니다. 하지만 북한 주민들이 알고 있는 것은 최고지도자가 권력을 공고히 유지하는 것을 위해 만들어진 10대 강령뿐입니다.

이 나라와 정권은 아직도 정치범수용소를 운영하고 있습니다. 12만 명의 남성, 여성, 그리고 아이들이 정치범수용소에 수감돼 있습니다. 강제 노동과 영양실조, 고문, 공개 및 비밀 처형이라는 끝없는 악순환에 시달리고 있습니다. 이런 일이 오늘날에도 일어나고 있습니다. 한국의 수도인 서울에서 불과 몇십 km 떨어진 곳에서 말이죠.

또한 북한이 방대한 규모의 수감 체계를 갖고 있다는 사실도 확인했습니다. 정치범들이 수용소뿐만 아니라 다른 수용 시설에 수감된 경우도 있습니다. 예를 들어 노동교화소와 같은 곳이죠.

북한 북동부에 위치한 전거리 제12호 교화소라는 곳이 있습니다. 1000여 명의 여성 수감자 중 800명은 중국 당국에 의해 강제 북송된 사람들입니다. 이는 1951년 유엔 난민협약 및 1967년 의정서를 정면으로 위반한 행위입니다.

이 여성들은 박해를 받을 것이라는 끔찍한 두려움을 안고 이들이 살던 곳으로 돌아가게 됐습니다. 이들은 정치적 난민 자격 심사 절차를 밟을 수 있어야 합니다. 하지만 이런 절차는 주어지지 않았고 이들은 북한으로 보내져 정치범이 됐습니다. 노동교화소에 수감된 것이죠.

개프니: 사람을 대상으로 하는 가장 끔찍한 대우 같군요.

중국과 북한의 공생(共生)

개프니: 중국에 대해 여쭙겠습니다. 중국이 북한의 이런 탄압을 가능하게 한다고 언급하셨는데요. 중국은 이른바 조선민주주의인민공화국이라는 체제 유지에 필수적인 역할을 하고 있습니다. 중국공산당의 지원이 없어도 이 잔인하고 억압적이며 후진적인 국가가 오늘날 존재할 수 있을까요? 고도화되는 핵무기와 여러 다른 종류의 군사 역량을 갖추기는 했지만 말입니다.

스칼라튜: 여러 측면에서 그렇다고 생각합니다. 우선 북한의 지도를 한 번 살펴볼 필요가 있습니다. 북한의 북방 국경 지역 대다수는 중국과 국경을 맞대고 있습니다. 고작 17km의 국경만 러시아와 맞대고 있죠. 중국이 북한을 변화시킬 역량이나 이를 변화시킬 의지를 갖고 있지 않을 수도 있습니다. 하지만 중국이 북한을 폐쇄시킬 수 있는 역량은 갖고 있다고 말하고 싶습니다. 중국은 그렇게 하지 않았습니다.

이 관계는 복잡했습니다. 좋을 때도 있었고 나쁠 때도 있었는데 일종의 공생 관계입니다. 김일성과 그의 빨치산 무리들은 중국공산당과 함께 일본군에 맞서 싸웠습니다.

이것이 북한과 김씨 일가 정권이 만들어지는 전설이 되는 내용입니다. 일본이 관리하던 작은 파출소를 공격한 것인데 김일성을 일본제국을 홀로 무찌른 영웅으로 만든 것이죠(注: 보천보 전투).

이런 내용의 신화는 미국에서는 말도 안 되고 태평양 지역 어디에서도 찾아보기 어렵습니다. 빨치산들은 이런 강력한 전설을 만들어낸 것입니다. 조선노동당은 이를 계속 진화해 나갔습니다. 이런 과정에서 중국과 북한은 공생 관계를 이어가게 된 것입니다.

개프니: 지금도 상황은 마찬가지라고 생각합니다. 중국이 의도적으로 북한으로 하여금, 미국이 한국과 일본 등 다른 국가들과 갈등을 겪도록 하고 있다고 봅니까? 잘 알다시피 북한과의 돌파구를 마련해 핵무기 등을 제거하려면 중국의 도움이 필요하다는 말을 듣게 됩니다.

중국으로 하여금 외교적 도움, 경제적 지원 등 다른 유인책을 제공하도록 하기 위해 미국은 여러 방식으로 대가를 지불해야만 합니다. 중국이, 북한이 더 나은 행동을 하고 무장을 해제하도록 할 상당 수준의 압박을 가할 준비가 돼 있다는 증거가 있습니까? 아니면 서방과 맞서는 데 있어 북한과의 관계를 이용할 수 있기 때문에 이를 유지되도록 하려는 것 같습니까?

스칼라튜: (압박을 가할) 의도가 전혀 없습니다. 중국에 있어 북한은 자신들 편에 서서 미국의 골칫거리가 되는 곳입니다. 중국이 북한을 활용하는 방식은 이런 것입니다. 물론 중국에 있어 북한은 중국과 자본주의 국가인 한국 사이의 완충지대 역할을 하기도 합니다.

북한은 협상 카드이자, 위성 국가, 그리고 속국입니다. 중국의 유일한 동맹이라고 할 수 있는 나라는 북한뿐일 것입니다. 또한 중국은 한국전쟁 당시 북한을 위해 싸웠습니다. 현재 논란이 되고 있는 중국의 '장진호'라는 영화가 있습니다. 중국이 미군을 철수시켰다는 내용의 영화입니다. 이는 한국전쟁 당시 일어난 장진호 전투를 각색한 것으로 중국 영화 역사상 가장 흥행한 영화 중 하나로 꼽힙니다. 2022년 초 후속편이 개봉됐는데 중국의 수정주의적 세계관을 미화했습니다.

개프니: 언급했던 북한의 영웅 신화 같은 것이군요.

스칼라튜: 네, 맞습니다. 제가 우려하는 것은 김정은이 지금과 같은 활동을 이어가고 혼란 상황, 혹은 중국으로의 대규모 난민 유입이 없으며, 김정은이 지금과 같이 권력을 유지하고 있는 한 중국이 북한을 개혁시켜야 할 이유를 찾을 수 없다는 것입니다.

왕조를 통치하다

스칼라튜: 저는 유엔 산하 기관을 비롯한 국제기구와 여러 일을 해왔습니다. 항상 북한 편에 서 있는 중국을 볼 수 있었죠. 중국은 항상 북한, 나아가 러시아, 베네수엘라, 쿠바, 벨라루스, 베트남, 남아프리카 등을 보호해왔습니다.

개프니: 악당 무리군요.

스칼라튜: 네, 중국이 유엔과 다른 국제기구에서 이들을 거의 무조건적으로 보호하는 것을 알 수 있습니다.

개프니: 그러니까 중국과 북한의 관계는 강대국과 속국의 관계라는 것이죠? 북한이 완전하지는 않더라도 자유로운 행동을 할 수 있다는 이야기도 나오곤 하는데요. 중국을 놀라게 하거나 이들이 원하지 않는 행동도 할 수 있다는 것입니다. 일본인들은 이를 '가부키 극장'이라고 부르곤 합니다. 북한이 독립적인 행동을 할 수 있는 자유가 있다고 보십니까?

스칼라튜: 왕조국가를 운영하는 것은 매우 어려운 일이고 이것이 북한이 현재 직면한 일입니다. 북한에는 120만 명의 남성과 여성이 군복을 입고 있으며 핵무기, 탄도미사일 등 여러 군사 역량을 갖추고 있습니다.

개프니: 중국공산당에 감사한 일이겠군요.

스칼라튜: 네, 물론입니다. 중국이 이런 개발을 가능하게 했습니다. 북한은 종종 들고일어나 자신들이 하고자 하는 말을 하기도 합니다. 탈북한 북한 출신의 고위 당국자들은 사상 교육 과정에서 중국이 공산주의의 대의를 배반했다는 말을 듣고는 한다고 말합니다. 그렇지만 이들은 지켜야 할 경계선을 알고 있는 것입니다. 왜냐하면 이들 역시 김씨 정권의 생존 자체가 제국주의 권력, 즉 중국으로부터 받는 도움에 달려 있다는 것을 이해하기 때문입니다.

인권에 관심을 가져야 하나?

개프니: 다음 장에서 한국에 있는 탈북자들의 이야기를 더 들어보도록 하겠습니다. 대담이 끝날 때까지 몇 분 정도 남은 것 같은데 이번 대담을 먼저 끝내보도록 합시다.

왜 미국에 있는 사람들이 북한 주민들의 상황에 관심을 가져야 합니까? 북한 정권(혹은 중국공산당)처럼 자국민을 끔찍하게 대하는 나라가 저희에게는 친절하게 대할 가능성은 적다고 생각하는데요. 왜 북한의 인권 문제가 저희에게도 중요하다고 생각하시는지 듣고 싶습니다.

스칼라튜: 산업 전쟁 시대인 20세기와 21세기의 역사가 교훈을 줬다면, 이 교훈은 이런 내용일 것입니다. 자국민의 권리를 침해하고

이들을 먼지처럼 취급하는 폭군, 북한 정권처럼 주민들을 학대하는 폭군이 대량살상무기를 얻게 되면 이것이 심각한 지역적, 세계적 위협이 될 수 있다는 것입니다.

이런 주장은 여러 측면에서 바라볼 수 있습니다. 인권이라는 것은 윤리적, 도덕적, 종교적, 정치적으로 봤을 때 지켜져야만 하는 것입니다. 한국을 지키기 위해 3만8000명의 미군이 희생됐습니다. 이 실험의 결과가 어떻게 됐습니까?

꽤 좋게 나왔습니다. 세계 10대 경제 대국이라는 성공 사례가 된 것입니다. 다른 실험 결과물은 어땠을까요? 오늘날 북한은 인권의 블랙홀과 같은 상황입니다. 북한 주민 2500만 명은 남한에 살고 있는 한국인들의 형제자매들입니다.

한국을 위해 희생한 군인들을 기리는 과정에서 북한 주민들에게도 인권과 자유를 줄 수 있게 최선을 다해야 한다는 점을 기억해야만 합니다. 미국인의 정체성에 있어 근본적인 항목은 누군가를 돌보는 것입니다. 철의 장막 반대편에서 자라 미국인으로 귀화한 입장에서 저는 (미국의) 근본적 정체성이 여기에 있다고 생각합니다.

개프니: 당신과 같은 사람을 매우 존경합니다. 저는 당신과 같은 사람을 외국 태생의 미국 애국자라고 부르곤 합니다. 당신과 같은 사람들은 미국에서 나고 자란 사람들이 너무나 당연시 여기는 자유, 그리고 미국의 위대함을 높이 평가하고 있기 때문입니다. 많은 사람들이 이런 자유를 누리는 것이 얼마나 축복인지 알지 못하며, 자유가 얼마나 쉽게 부패하고 의미 없는 일이 될 수 있다는 점을 이해하

지 못하고 있습니다.

저는 자유를 갈망하는 사람들을 위한 당신의 일이 인정을 받게 될 것이라고 생각합니다. 이들이 이번 생에는 (자유를) 경험할 수 없을지 모르지만, 저희의 도움과 지원을 받을 자격이 있습니다. 또한 이들은 공산주의자들의 희생자로 기억될 자격이 있습니다.

그레그 스칼라튜 후기

나는 최근 루마니아의 국경 지역과 우크라이나 난민 캠프가 있는 곳에서 시간을 보냈다. 대부분이 여성과 아이들이었던 난민들에 대해 놀라웠던 점은 이들이 최근까지도 정상적인 삶을 살았던 사람들처럼 보인다는 것이었다. 우크라이나는 유럽에서 가장 부유한 나라도 아니었고 소수자 권리 측면에서 본보기가 되는 국가도 아니었을 것이다. 그러나 우크라이나는 유럽연합에 가입하고 민주화를 이뤄내며 국제사회에 참여할 의사를 갖고 있던 나라였다. 이 사람들은 일도 하고 일상생활을 이어갔었다. 주말에는 장도 보러 가고 영화관에도 가던 사람들이었다. 이들의 삶은 완전히 파괴됐다.

모든 국가, 특히 한국과 같은 경제 강국은, 좋은 삶과 자유, 인권이라는 것이 취약하다는 점을 이해해야만 한다. 우리는 새로운 철의 장막이 유럽과 전세계에 번지고 있다는 것을 알아야 한다. 루마니아, 폴란드, 리투아니아, 한국, 그리고 일본이 모두 위험에 처해있다.

우리는 자유세계라는 가치로 맞서야 한다. 또한 "평화를 원한다면 전쟁에 대비해야 한다"는 것이다.

동맹을 강화하고 친구와 파트너, 그리고 동맹국들과 과거 어느 때보다 가깝게 지내야 하며, 전세계의 인권과 자유의 적인 수정주의 세력들을 저지하는 데 힘을 모아야 한다.

프랭크 개프니의 요약

독자들은 내가 왜 그레그 스칼라튜를 '외국 태생의 미국인 애국자', 무엇보다 오랜 고통을 받고 노예가 된 북한 주민들을 위한 진정한 자유의 수호자로 여기는지를 확인할 수 있었을 것이다. 루마니아의 잔혹한 니콜라에 차우셰스쿠 공산주의 정권 치하를 경험한 스칼라튜는 자유세계에 살 수 있는 특권을 갖고 있는 우리 누구보다 북한 주민들의 어려움을 잘 이해하고 있다.

차우셰스쿠는 1971년 평양을 방문한 뒤 김일성 개인에 대한 우상숭배에 영감을 받았고 이를 루마니아에 접목시키려고 했다. 스칼라튜가 루마니아인으로는 처음으로 한국에서 공부를 하게 됐을 때 그는 비무장지대 이북에 있는 폭군의 실상을 알게 됐고 김씨 왕조에 의해 유린되는 인권을 위해 그의 삶을 헌신하게 됐다.

스칼라튜는 차우셰스쿠의 손아귀에서 해방된 그의 조국의 경험을 바탕으로 북한 주민 역시 언젠가는 자유를 찾게 될 것이라는 믿음을 갖게 됐다고 했다. 스칼라튜는 이런 가능성으로 인해 김씨 정권이 더욱 정권 생존 보장에 집착하고 있다고 지적했다. 또한 북한은 내부에는 정적(政敵)이 없기 때문에 한국을 이들의 정권 유지에 대한 위협으로 받아들인다고 했다.

이런 위협은 남북한 사이의 격차가 발생하며 더욱 커지게 됐다. 거의 동일한 전통과 사람, 지리, 자원을 가졌음에도 불구하고 한국은 경제적, 문화적 강국으로 거듭났다. 반면 북한은 가난하며 굶주린 주민들에 의해 농토는 발가벗겨졌다. 필사적으로 탈출하려는 사람들이 숨을 곳도 거의 없어졌다.

스칼라튜는 중국으로 탈출한 사람들이 중국공산당에 의해 강제 북송되고 있다는 점도 지적했다. 이는 박해를 받을 위험이 있는 곳으로는 난민을 송환하지 않는다는 내용의 유엔난민조약 위반이다. 북송된 사람들은 즉결 처형을 받거나 교화소라는 곳으로 보내져 강제노동을 해야만 한다. 종종 이들의 가족들이 함께 수감되는 경우도 있다.

나는 자국민을 야만적으로 대하는 정권이 기회만 잡는다면 다른 이들에게도 똑같이, 혹은 더 나쁘게 할 것이라는 말을 종종 하고는 한다. 김정은 독재 정권에 의한 대량살상무기의 확산은 이들이 그렇게 할 수 있는 잠재력을 증가시킨다. 스칼라튜가 종사해온 일처럼, 김씨 정권에 의한 조직적인 인권 유린을 끝내는 것도 중요한 일이다.

다음 장에서도 그레그 스칼라튜와의 대담 내용을 소개한다. 한반도 평화에 대한 전망, 동맹의 중요성 등을 다룰 계획이다.

LIVING WITH
DICTATORS

By Greg Scarlatoiu

인간성에 대한 유린

4

개요

그레그 스칼라튜는 미국 정부의 입법권을 통해 평화를 이끌어내려는 반복적인 시도를 정밀 분석, 남북한이 평화로 가는 길에 대한 좋은 글을 최근에 썼다.

스칼라튜는 여러 다른 북한 인권 옹호자들과 마찬가지로 남북 간의 대화와 화해, 새로운 접근, 평화, 궁극적인 통일을 지지한다. 자유롭고 번영하며 민주적이고 자본주의적인 한국 주도의 통일이다. 최근 미국 하원에 발의된 'H.R.3446(한반도평화법안)'은 담대한 목표를 달성하는 것을 골자로 하고 있다. 해당 법안은 남북한 모두와 외교적 관여 정책을 펼칠 것을 제안한다. 한반도의 평화협정을 위한 '명확한 로드맵'이 필요하다고 강조한다. 미국 국적자의 북한 여행 재개를 촉구하고 있다. 사실상 북한과의 외교관계를 정상화하고 연락사무소를 설치할 것을 요구한다.

'화평하게 하는 자는 복이 있나니'라는 유명한 구절이 있다(注: 마태복음 5장 9절). 평화를 추구하기 위해서는 김씨 정권의 역사와 본질, 그리고 방식을 이해할 필요가 있다. 이런 이해는 반인도주의 범죄 및 끔찍한 인권 침해를 비롯한 이들의 인권 상황에 대한 면밀한 조사를 바탕으로 해야 한다. 또한 김씨 정권의 의도적인 인권 부정 정책에 대한 철저한 조사에 근거를 둬야 한다. H.R.3446은 그렇게 하지 못했다. 김씨 정권에 의한 수백만 명의 희생자들을 그냥 무시하고 있다. 오히려 반인도주의 범죄 가해자들을 달래는 방안을 선택했다. 만약 H.R.3446이 지속 가능한 평화를 추구하는 것이라면, 북한의 인권 회복을 위한 조치를 포함시키는 방향으로 처음부터 다시 설계해야 한다.

앞으로 소개될 내용은 2022년 3월 20일 미국과 영국을 비롯한 전 세계에 실시간 라이브(www.NTD.com/LIVE)로 소개된 NTD 방송, 프랭크 개프니와 그레그 스칼라튜의 대담 내용이다. 해당 시리즈의 제목은 '살아 있는 현안(Issues Alive)'이었다.

그레그 스칼라튜와의 대담

평화에 대한 전망

프랭크 개프니(이하 개프니)**:** 저는 프랭크 개프니입니다. 그레그 스칼라튜와 대화를 이어가게 돼 기쁩니다. 저는 그가 미국에서 (아니면 전세계에서) 북한 주민들의 자유를 가장 사려 깊고 효과적으로 옹호하는 사람 중 한 명이라고 생각합니다. 오늘 그와 어떻게 하면 자유를 만들 수 있을지, 나아가 이에 대한 전반적인 전망에 대한 이야기를 나눠볼 계획입니다. 자유를 시급하게 필요로 하는 북한 주민들뿐만 아니라 한국인들이 누리는 자유가 보전되기 위한 방안을 포함해서 말입니다.

오늘 이 자리에 나와 해당 주제에 대한 전문 지식을 공유해주시는 것에 감사합니다. 알다시피, 예수 그리스도는 화평하게 하는 자에겐 복을 주셨으며 우리 대부분이 평화의 길이 전세계에 열리기를 갈망합니다.

평화를 이뤄내기 특히 어려운 곳은 한반도입니다. 한국전쟁이 끝난 후 수십 년간 분단된 곳인데요. 전쟁을 공식적으로 종식시키는 협정은 체결된 적이 없고 현재 평화에 관심이 있다고 주장하는 사람들은 미국 주도의 합의를 설계하는 것처럼 보입니다. 이런 의도로 추진되는 평화의 위험성이 무엇인지 얘기해주시기 바랍니다. 북한 정권과의 평화를 갈망하는 과정에서 역효과가 발생하는 건 아니냐는 것인데요.

스칼라튜: 오늘 함께 하게 돼 매우 기쁩니다. 우선 저는 평화를 지지하는 사람이지 평화를 증오하는 사람이 아니라는 점을 강조하고 싶습니다. 저는 인권 단체를 운영하고 있는 사람입니다.

저희가 매일 하고 있는 일은, 북한인을 포함한 모든 한국인들에게 평화, 화해, 인권, 자유, 정의를 가져다주려고 하는 일입니다. 물론 현재 이를 가장 필요로 하는 것은 북한 주민들입니다.

개프니: 이런 일을 하시는 것에 감사하다는 말을 전하고 싶습니다. 꼭 필요한 일이라고 생각합니다.

스칼라튜: 감사합니다. 저는 한국전쟁을 끝낼 수 있는 몇 가지 방법이 있다는 말을 하고 싶습니다. 언급했듯 1953년 7월27일에 체결된 정전협정을 통해 적대행위가 중단됐습니다. 다만 이는 평화협정이 아니었습니다. 평화협정이 필요하냐고 물을 수 있는데 저는 당연히 필요하다고 생각합니다.

한국인들이 평화를 진정 원하는데 우리가 이에 반대할까요? 전혀 그렇지 않습니다.

여기엔 위험 요소가 있습니다. 평화선언, 혹은 평화협정을 이야기할 때는 북한 군대의 절대적이고 압도적인 위협이 존재한다는 것을 명심해야 합니다. 물론 전쟁을 끝내는 방법 중 하나는 무조건적인 항복이겠지만 저희는 이를 원하지 않습니다.

동맹의 중요성

개프니: 최근 아프가니스탄에서 목격했듯 끝나지 않는 전쟁을 끝냈다고 선언할 수는 있겠지만 상대편이 계속 싸움을 이어가고 싸울 준비를 하고 있다면 이런 선언은 사실상의 항복으로 여겨질 수 있습니다. 끔찍할 정도로 굴욕적인 항복인 것입니다. 현재 비무장지대를 두고 나타나는 남북한의 전력을 감안했을 때 비슷한 결과가 도출될 수 있다고 보십니까?

스칼라튜: 한국인들은 훌륭한 군인, 훌륭한 사람, 훌륭한 전사들입니다. 그리고 한국은 한국을 보존하고 수호하기 위해서는 미국과의 동맹을 필요로 합니다. 군사 전문가들이 이에 대해서는 더 자세히 이야기할 수 있을 것으로 믿습니다. 하지만 쉽게 요약하자면 (한국은) 자원, 장비, 정보들을 갖고 있지 못하다는 것입니다. 이는 분명한 사실입니다. 한국은 동맹을 필요로 하죠. 저희는 1953년부터 이 동맹을 유지해왔습니다. 한국전쟁이 발발한 1950년부터라고도 할 수 있죠.

아프가니스탄 문제를 언급하셨는데요. 만약 미국이 정전협정 체결 20년 후였던 1973년에 완전히 한국을 떠났다면 어떻게 됐을까요?

당시 한국은 경제 강국이 아니었습니다. 박정희는 개발을 우선시하는 독재자였지만 1973년만 해도 그렇게 발전하지 못했습니다. 박정희의 탄압은 북한이 수십 년간 수용소에서 자행해온 탄압과는 비교도 할 수 없다는 점을 말씀드리고 싶습니다. 기껏해야 강력한 군사 독재정권이었다고 할 수 있는데 1973년에 한국에서 철수했다고 생각해보자는 것입니다.

개프니: 최악의 경우 남한에도 북한과 같은 상황이 발생했겠죠.

스칼라튜: 네, 맞습니다. 미국은 계속 머물겠다는 인내심을 갖고 있었습니다. 나아가 한국의 위대한 동맹 세력, 친구, 파트너들과 함께 동맹을 소중히 여기고 발전시켜나가는 인내심을 갖고 있었습니다. 오늘날의 한국을 보십시오. 번영을 이뤄냈습니다. 물론 다른 여러 민주주의 국가와 마찬가지로 그들만의 문제를 갖고는 있지만 말이죠.

개프니: 다 그런 것 같습니다.

스칼라튜: 네, 모두 다 그런 문제를 갖고 있습니다. 어찌 됐든 미국은 계속 머물겠다는 인내심, 그리고 그렇게 하는데 필요한 극복 능력을 갖고 있었습니다. 북한군의 80%는 평양과 원산 이남 지역으로 전진 배치돼 있습니다. 이들은 남쪽을 침략할 태세를 갖추고 있습니다.

개프니: 전투가 발생하면 어떤 방식으로 진행될지 조금 더 자세하게 설명해주시기 바랍니다. 몇 명 중의 80%가 전진 배치돼 있다는 것입니까?

스칼라튜: 120만 명 중의 80%입니다. 10만 명의 특수부대원들이 남한으로 침투할 것이고 개성 지역에 장사정포가 배치돼 있습니다. 서울은 산속에 파묻힌 북한 포대의 사정권 안에 들어가 있습니다. 북한은 이를 터널을 통해 밖으로 꺼내 공격을 가하는 방식을 취합니다. 포탄이 서울을 타격했을 때는 이미 공격에 사용된 무기들은 다시 산속으로 숨어버리게 됩니다. 아무튼 저는 앞서 말했듯 인권 전문가이기 때문에 이에 대해 더 깊게 언급하지는 않겠습니다.

개프니: 네, 잘 알겠습니다. 그런데 이런 일이 발생하게 되면 한국 주민들의 인권에 대한 위협이 발생하는 것 아닙니까? 또한 어렵고 비싸게 유지돼 온 미군의 존재가 평화를 지켰고 한국의 이런 엄청난 변화를 가능하게 했습니다. 한국 국민들의 노력, 그리고 미국과 긴밀히 협력해 온 한국 정부 덕에 이것이 가능했다는 점을 명확하게 해두고 싶습니다.

폭력적 정권

개프니: 그럼에도 불구하고 평화 구축 노력을 인정받고 싶은 사람들은 지금이야말로 미국이 북한에 본질적이고 간단명료하며, 효과적

으로 항복할 때라고 주장하고 있습니다.

평화라는 비밀의 치료제 이야기인데, 이를 갈망하는 사람들로부터는 어떤 것도 얻어내지 못하고 있습니다. 역사적으로 봤을 때 평화를 달성하려 했지만 실패한 사례들이 여럿 있습니다. 이중 여러 사례들은 평화를 구축하고자 하는 상대의 본질, 나아가 이들이 이에 대해 어떻게 반응할지에 대해 잘못 인식한 경우가 많습니다.

이런 생각은 미국 하원에 계류 중인 법안을 떠올리게 만듭니다. 이는 '한반도평화법안', 즉, H.R.3446으로 알려진 법안입니다. 이 법안은 무엇을 추구하려고 한다고 생각합니까? 또한 어떤 문제점을 갖고 있습니까?

스칼라튜: '화평하게 하는 자는 복이 있나니'라는 말씀을 먼저 드리고 싶습니다. 우리 모두 화해와 평화, 그리고 궁극적인 통일을 원합니다. 자유롭고 민주적이며 번영한 한국 주도의 통일이죠. 그렇기는 하지만 무조건적인 항복 역시 평화를 얻는 방법이 될 수 있습니다.

북한 김씨 정권의 본질을 기억할 필요가 있습니다. 1950년 6월25일 남침을 지시한 사람은 김일성이었습니다. 1953년 7월27일 정전협정 체결 이후 한국을 상대로 수차례의 도발을 가한 것도 북한 정권입니다. 한국과 역내를 위협하는 핵무기와 탄도미사일을 만들기 위해 자국민의 인권과 안정을 희생해온 것도 북한입니다.

120만 명의 남성과 여성이 군복을 입고 있으며 이들 중 80%가 평양과 원산 이남 지역으로 전진 배치된 것도 북한 김씨 정권하의 일입니다. 수십만 명의 특수부대원들이 남쪽으로 침투할 준비가 돼 있습니다. 서울은 개성 인근에 배치된 장사정포의 사정권 안에 들어갑니다.

김씨 정권은 평화를 구축하려는 세력이 확실히 아닙니다. 이는 공격, 그리고 침략할 준비를 하고 있는 정권입니다. 매우 중요한 안보적 사안입니다. 또한 미한 동맹이 오늘날까지 한국 주민들의 평화와 번영, 그리고 자유를 지켜왔다는 것은 의심할 여지가 없습니다.

평화라는 망상

개프니: 만약 이 법안이 제정된다면 어떻게 될까요? 상원에도 비슷한 오류를 범하고 있는 법안이 발의된 것으로 알고 있습니다. 미국과 북한 사이의 평화선언, 혹은 한국까지도 포함된 평화선언이 이뤄지면 어떤 일이 생길 것 같습니까?

스칼라튜: 그렇게 되면 평화협정이 필요하다는 주장으로 자연스럽게 이어지게 될 것입니다. 만약 남북한 지도부 사이에 평화협정이 체결되면 미국은 어떻게 하게 될까요? 이런 일이 생기는 것을 사전에 방지할까요? 저는 잘 모르겠습니다. 한국을 침략할 준비를 하고 있는 120만 명 가량의 북한 군대가 있다는 등의 이유를 들며 (남북한 사이의 평화협정을) 막아야 한다는 의견이 나올 테지만 말이죠.

한국인들은 훌륭한 전사, 군인, 사람들입니다. 또한 미국의 훌륭한 친구, 동맹, 파트너이기도 하죠. 그렇지만 한국의 국가안보를 위해서는 미국과의 동맹이 꼭 필요하다는 여러 이유가 있습니다.

개프니: H.R.3446과 같은 법안을 통해 이런 가정적 상황이 일어날 수 있는 것처럼 말씀하셨는데요. 문재인과 그의 고위 참모들의 정책을 들여다보면 이들 역시 이런 야망을 갖고 있는 것 같습니다. 동맹을 폐기하고 북한의 뜻을 반영한 통일 등 새로운 합의를 도출하려고 했던 것 아닙니까?

스칼라튜: 저는 문재인이 미국과의 동맹에 반대한다고 발표한 공식 성명이 있었는지 여부는 알지 못합니다. 하지만 문재인 전 대통령이 김정은과의 화해, 새로운 관계 구축을 강조하는 사상을 갖고 있었던 것은 맞습니다. 그는 이런 새로운 관계 구축을 위해 한국 주민들의 기본적 인권을 희생시켰습니다.

앞서 언급한 법안과 관련해 큰 우려를 갖고 있습니다. 해당 법안에는 북한 인권 문제가 전혀 언급돼 있지 않습니다.

12만 명을 정치범수용소에 가두고 있는 정권과 어떻게 평화를 논할 수 있습니까? 자국민을 불구로 만들고 고문하며, 가두고 굶기는 정권, 그리고 이들을 강제 노역에 처하게 하는 정권과 말입니다. 중국에서 중국인 남성과 임신을 하게 된 뒤 북송된 북한 탈북 여성들을 대상으로 강제 낙태와 영유아 살해 행위를 저지르는 정권과 어떻게 평화선언을 논의할 수 있겠습니까?

저는 평화를 사랑하는 사람이고 평화를 전적으로 지지합니다. 저는 인권 없이는 진정한 평화도 없다는 것을 강력하게 주장합니다. 북한 주민들에 대한 정의가 구현되지 않는 한 진정한 평화는 있을 수 없습니다.

스칼라튜: 저는 철의 장막 반대편에 살았으며 이런 노력이 이뤄지는 걸 볼 때마다 매우 냉소적인 반응을 일으키는 경향이 있습니다. "맙소사, 또 속아 넘어갔구나"라고 말이죠.

이런 상황이 어떻게 발생했는지 알고 있으며 이들의 생각을 고려해야만 하는 것도 사실입니다. 이는 남과 북에 사는 사람들 사이의 평화를 의미하는 것이기 때문입니다.

개프니: 만약 실제로 그렇다면 말이겠죠. 그렇게 되지 않을 가능성이 높을 것으로 봅니다. 냉전 당시 루마니아에서 경험한 것과 관련해 이야기를 나눠보고 싶습니다. 당시 큰 사건 중 하나는 양쪽 진영이 헬싱키협정을 체결한 것이었습니다. 크게 네 개의 의제에 대한 합의가 이뤄졌는데 인권 증진을 위한 노력 방안이 포함됐습니다. 동구권(소련 연방)이 바르샤바조약에 담긴 인권 증진 내용을 실제로 따르거나 최소한 이를 따르는 모습이라도 보이도록 하려는 것이었습니다. 이는 러시아와 루마니아 등 국가들을 약화시키는 영향을 줬던 것으로 드러났습니다. 똑같은 일이 북한에도 적용될 수 있다고 생각합니까? 이런 일을 우선순위로 둔다면 말이죠.

스칼라튜: 헬싱키의 사례를 보면 북한과 인권을 논의하는 다자간의 외교 채널이 구축될 수도 있다고 생각합니다. 당시 레이건 대통령과 슐츠 국무장관은 인권 문제를 러시아와 다룰 수 있다는 것을 보여줬

습니다.

하지만 명심해야 할 것은 당시 동유럽에 살고 있던 일반인들에게 있어 이는 큰 변화를 만들어내지 못했다는 점입니다. 최소한 루마니아에 살던 저희에게는 말입니다. 1980년대까지는 말이죠.

그럼에도 불구하고 이러한 노력은 매우 중요하며 다자간, 양자간의 인권 관련 외교 채널이 효과가 있을 수 있다는 점에는 동의합니다. 예를 들어 북한 인권 문제가 유엔 안보리의 의제로 채택돼 여러 국가가 논의하는 방식처럼 말이죠.

개프니: 특별인권보고관도 임명되고요.

스칼라튜: 네, 특별인권보고관도 임명되는 것입니다. 이는 북한에 대한 경고입니다. 북한의 모든 결정은 조선노동당이 내립니다. 북한은 외부를 덮고 있는 막(幕)을 갖고 있습니다. 북한의 외교 채널과 외교관을 외부적으로는 정상적인 것처럼 보이게 만드는 막이죠. 물론 (북한의) 모든 외교관들은 주어진 지침을 따라야만 합니다. A부터 C까지의 시나리오를 놓고 D의 가능성을 약속하기는 하지만 결국은 다시 A부터 C로 돌아갑니다. D까지 진행할 의사가 없는 것이죠.

북한 최고지도자와 노동당 조직지도부는 제한적인 협상 시나리오만을 제시합니다. 외교관들이 이런 시나리오의 조항을 바꿀 수 있는 방법은 없습니다. 북한에는 '배트나(BATNA · Best Alternative to a Negotiated Agreement · 협상 결렬시 최상의 대안)'도, '조파(ZOPA · Zone of Possible Agreement · 협상 가능 영역)'도 없습니다.

주어진 지침만이 존재할 뿐입니다. 미국인들은 이런 두 개의 방식으로 협상을 진행합니다. 그러나 북한은 '상대의 손실은 우리의 이익'이라는 제로섬 방식의 협상을 하죠.

북한은 이런 방식으로 나설 것입니다. 북한이 보고하는 인권 상황을 보면 문서상으로는 괜찮아 보입니다. 하지만 실제로는 전혀 다른 일이 일어나고 있습니다. 현장의 상황은 크게 다르다는 것입니다.

인권 · 정체성 · 가치

개프니: 이에 대한 이야기를 이어가기에 앞서 짧은 질문 하나를 하겠습니다. 이런 추악한 정권을 위해 영향력을 행사하려 하는 사람들이 있다는 것은 믿을 수 없어 보이는데요. 저는 이들이 학계, 미국의 언론, 그리고 불행하게도 미국 의회에서 진전을 이루고 있다고 생각합니다. 동의하실지는 모르겠지만 북한의 입장에 동조하는 것처럼 보이는 사람들이 추진한 이런 법안을 보면 그런 느낌을 받게 됩니다.

스칼라튜: 아닙니다, 저는 그렇지 않다고 생각합니다. 미국 의회가 북한 간첩이나 김씨 정권의 영향을 받고 있다는 어떤 증거도 확인하지 못했습니다. 물론 이런 작전이 전세계적으로 펼쳐지고 있는 것은 사실입니다. 한국과 전세계의 한국인들을 전복시키고 무력화시키는 것을 목표로 하는 통일전선부가 이런 작전을 주로 이끌고 있습니다.

또한 북한 내부뿐만 아니라 외국 거주자들을 대상으로 선전활동을 진행하는 선전선동부도 있습니다. 북한 지도자의 이복형제인 김정남을 말레이시아에서 대량살상무기인 VX 신경작용제를 사용해 암살한 정찰총국이라는 곳도 있습니다.

개프니: 북한 정권의 모습을 보여주는 또 하나의 사례입니다. 자국민뿐만 아니라 가족을 대상으로도 그렇게 하다니 말이죠. 어찌 됐든, 저는 북한의 이런 작전이 미국 의회에서도 진행되고 있다는 생각이 듭니다. 이는 논쟁거리가 될 수 있다고 생각합니다.

이번 장의 주요 목적 중 하나는 북한 인권에 관심을 가져야 하는 이유가 무엇인지 강조하는 것입니다. 자유를 사랑하는 사람들에게 이 문제가 왜 중요한지, 이를 개선하기 위해 무엇을 할 수 있는지를 논의하는 것인데요. 북한, 그리고 앞서 언급한 법안에 대한 내용을 담은 글을 쓰신 것으로 알고 있습니다. 위험한 역효과를 낼 수 있는 평화선언을 촉진하는 것 대신 무엇을 해야 한다고 생각하는지 말씀해주시죠.

스칼라튜: 철의 장막 반대편에서 살다 미국으로 귀화한 저는 인권이라는 것이 미국인의 성격, 미국의 국가 정체성, 그리고 미국인의 정체성을 근본적으로 보여주는 특징이라고 생각합니다. 저희만 생각하는 것이 아니라 다른 사람들의 인권에 대해서도 신경을 쓰는 것이 윤리적, 정치적, 종교적, 도덕적으로 옳은 일입니다.

개프니: 아멘.

스칼라튜: 산업 전쟁 시대인 20세기와 (우리가 지켜본 대부분의) 21세기의 역사를 보면 자국민의 권리를 끔찍하게 유린하는 폭군은 역내 다른 국가나 국제사회의 평화와 안정에 위협이 된다는 것을 알 수 있습니다. 이들이 대량살상무기를 가졌을 때는 더욱 그렇죠. 그렇기 때문에 북한의 인권은 단순한 인권 문제가 아닙니다. 한반도를 넘어, 역내의 평화와 안정에 근본적인 위협이 되는 것입니다.

개프니: 이런 권리가 부정되고, 상상할 수 없는 가장 끔찍한 탄압이 조직적으로 이어지고 있는데 저는 이것이 북한 정권에 의해 만들어진 것이라고 생각합니다. 당신은 미국의 가치를 강력하게 옹호하고 이런 가치가 미국 정책의 핵심이 돼야 한다고 생각하고 있습니다. 저는 당신과 같은 사람들을 이런 이유에서 존경합니다. 저는 이런 사람들을 외국 태생의 미국 애국자라고 부릅니다. 왜냐하면 이들은 무엇이 미국을 특별할 뿐만 아니라 전세계에서 중요한 국가로 만들었는지에 대해 감사한 마음을 갖고 있기 때문입니다. 미국에서 자란 특권으로 인해 많은 사람들이 당연하다고 생각한 이런 권리와 가치를 이해하기 때문이기도 하죠. 이런 가치가 얼마나 중요한 것인지 다시금 강조해주신 것에 대해서도 감사드립니다. 북한 인권을 위해 노력하는 당신의 노력에 감사를 전합니다. 오늘 이야기를 나눠 영광이었습니다.

진전을 위한 유일한 길은 인권이다

개프니: 스칼라튜는 최근 쓴 '진전을 위한 유일한 길은 인권이다'라는 글의 마지막 문단에서 그의 흔들리지 않는 신념, 그리고 뼈아픈 지적을 남겼습니다.

〈인권은 진정한 평화와 화해, 번영과 통일로 향하는 유일하고 명확한 로드맵이다. 미국이나 국제사회가 인권을 포함하지 않은 채 외교 정상화나 평화 절차를 추진한다면 이는 북한 이외의 국가에도 선례를 남기는 일이 될 것이다. 21세기, 혹은 그 이후의 국제질서를 계속 쫓아다닐 수 있다. 자국민을 학대하는 폭군들은 핵무기를 개발하기만 하면 반인도주의 범죄를 포함한 그 어떤 악행을 저질러도 책임을 면할 수 있다는 것을 알게 될 것이다.〉

그레그 스칼라튜 후기

북한은 김씨 정권을 유지하는 데 필요한 자금을 조달하기 위해 불법 활동과 제재 위반 활동에 나서고 있다. 이런 과정에서 동맹 관계인 수정주의 국가들의 지원을 받기도 한다.

북한은 계속해서 사이버 해킹과 가상화폐 조작에 나서고 있다. 북한은 국내외에 있는 자국민을 계속해서 탄압하고 착취하고 있다.

예상했던 대로, 핵무기로 무장한 인권 침해자인 푸틴이 이끄는 정권은 역내 및 국제사회의 평화와 안보에 점점 더 위협이 되고 있다. 우크라이나에서 푸틴의 군대가 저지른 전쟁범죄에 대한 책임을 물어야 한다는 필요성이 절실해지고 있다. 김정은은 그의 범죄 동맹국들 뒤에 계속 숨어 있지만 심판의 날은 다가올 것이다.

남북한에 살고 있는 한국인들에게 다가올 수 있는 하나의 미래가 있다. 이는 자유롭고 민주적이며 번영하고 통일된 대한민국, 미국을 비롯한 모든 민주주의 세계, 문명화된 세계의 확고한 친구이자 동맹, 파트너인 통일 대한민국이다.

프랭크 개프니의 요약

그레그 스칼라튜와의 첫 번째 대담에서는 북한 정권의 끔찍한 성격과 행동에 대해 논의했다. 스칼라튜는 두 번째 대담에서 한반도의 평화, 화해, 자유, 정의를 위한 그의 활동, 나아가 이를 추진하는 노력이 역효과를 낼 수 있다는 의견을 내놨다.

스칼라튜는 문재인 전 대통령이 추진하려 했던 이른바 '종전협정'에 대해서도 깊은 우려를 표한 사람 중 한 명이다. 이런 협정이 체결되면 명시된 목적에도 불구하고 또 하나의 한국전쟁을 촉발시킬 수 있다는 이유에서였다.

그레그 스칼라튜가 언급했듯, 문재인 대통령은 역사에 자신을 남북한을 통일시킨 중재자로 기록되도록 하는 것에서 동기부여를 받았다. 문재인은 주한미군이 이런 목표를 방해한다고 생각한다. 그렇기 때문에 종전협정만 체결되면 미한 동맹은 더 이상 필요하지 않다고 주장하고 주한미군 철수에 대한 논리를 마련할 수 있다고 본 것이었다.

스칼라튜는 수백만의 한국인들, 그리고 여러 북한 전문가들과 마찬가지로, 주한미군이 가능할 경우 한반도를 무력을 사용해 통일시키겠다는 의사를 갖고 있는 북한에 대한 핵심 억제 자산이라고 판단한다. 우리는 스칼라튜가 김정은의 이런 야욕을 성취하는 것을 돕는 합의를 맺는 것은 물론이고 이에 대한 협상을 이어가는 것에조차 반대한다는 설득력 있는 주장을 내놓는 것을 들었다.

스칼라튜는 이번 장에서 문재인이 추진하는 문제의 소지가 많은 목표를 도우려는 미국 의원들의 노력에 대해서도 경고를 했다. 이른바 '한반도평화법안'은 미국 국무부로 하여금 종전협정을 체결할 수 있는 로드맵을 제시할 것을 촉구한다.

불행하게도 역사는 지속 가능한 평화를 이뤄내기 위해서는 모든 당사국이 이를 원해야 한다는 사실을 가르친다. '평화'라는 것이 명목상 일방적으로 만들어질 때도 있지만 일반적으로는 한쪽의 무조건적인 항복을 필요로 한다. 이런 항복에는 끔찍한 결과가 뒤따른다. 최근 아프가니스탄에서 발생한 사태가 이를 보여주는 하나의 예다.

하나의 전쟁이 종료됐다고 선언하는 것이 평화인 것처럼 보일 수는 있다. 다만 상대편이 궁극적인 목표 달성을 위해 싸움을 계속할 준비가 돼 있다면 이는 단지 미래에 충돌이 일어날 상황을 만든 것에 불과하다. 한국에서 이와 같은 거짓 평화를 추구하려는 유혹을 피해야만 하는 이유에 대해 스칼라튜는 중요한 분석을 내놨다.

그는 북한의 첫 독재자인 김일성은 1950년 남한을 침략했고 그가 만든 김씨 왕조는 이후 계속 공격적 자세를 취해왔다는 점을 상기시켰다. 또한 이들의 잘못된 통치로 북한 주민들이 어떤 대가를 치르고 있는지도 설명했다.

북한 주민들은 수 세대에 걸쳐 굶주리거나 엄청난 빈곤을 겪어야만 했다. 이는 북한이 세계에서 네 번째로 큰 규모의 군대를 구축하고 유지하며 재래식무기 및 대량살상무기로 무장하는 데 엄청난 자금과 자원을 사용했기 때문이었다. 약 80%의 북한군이 비무장지대 인근에 배치돼 있으며 남침 지시가 내려지면 곧장, 혹은 빠른 시간 안에 이를 진행할 수 있다.

북한은 한국을 전복시키고 약화시키기 위해 국내적으로는 물론, 전세계에서 활동하고 있다. 통일전선부가 선전 활동에 나서고 있고 정찰총국은 김정은의 이복형제를 말레이시아에서 신경안정제를 통해 암살했듯 각종 작전에 투입되고 있다. 이들을 통해 평양의 정권을 공고하게 만들고 이에 반대하는 사람들의 사기를 떨어뜨리게 만든 것으로 판단된다.

김씨 정권의 근본적인 목표에는 변화가 없다. 김정은은 한반도 전역의 지배권을 확보함으로써 김씨 왕조의 지위와 권력을 유지하고자 한다.

스칼라튜는 만약 정전협정 이후 적대행위가 멈춘 시점에 지미 카터 당시 대통령이 원했듯 미군이 한국에서 철수했다면 한국이 전세계에서 가장 번영한 민주주의 국가 중 한 곳으로 거듭나지 못했을 것이라고 지적했다. 그는 한반도에서의 미국의 억제력이 없다면 70여 년 전 한국을 거의 파괴시켰던 북한 공산주의 세력의 공격이 다시 발생할 수 있다고 했다.

이런 이유에서 문재인이 추진하려 한 주한미군 철수로 이어지는 계획에 따른 대가는 매우 컸을 것이다. 이는 미국 의원들, 그리고 미국과 전세계 다른 곳에서 평화에 기여하고 있다고 주장하는 북한 세력들의 노력의 경우에도 마찬가지이다. 명백한 역효과를 가져올 것이고 비무장지대 양측 주민들은 물론, 더 멀리에 있는 사람들이 끔찍한 대가를 치르는 상황이 발생할 수 있다.

다음 장에서는 이런 주제를 북한자유연합 대표인 수잔 숄티 박사와 함께 논의할 계획이다. 숄티 박사는 북한 김씨 정권에 반대하고 이들에 의한 희생자들을 돕는 일에 헌신해왔다. 그는 북한을 탈출한 사람들과 계속 함께 일을 해오며 성과를 이뤄냈다. 숄티 박사는 비무장지대 반대편, 억압적인 김씨 정권하에 있는 사람들의 삶이 어떤지에 대해 소개할 계획이다. 북한 주민들이 얼마나 끔찍하고 위험한 여정을 통해 북한을 탈출하게 됐는지에 대해서도 소개된다.

그는 북한 주민들에게 힘을 실어주는 데 있어 진실된 정보가 얼마나 강력한지를 설명할 예정이다. 주민들로부터 진실을 감추려는 김정은의 끈질긴 노력을 상대로, 그가 탈북자들과 함께 어떻게 맞서 싸워왔는지에 대한 이야기도 다뤄진다.

LIVING WITH
DICTATORS

By Suzanne Scholte

북한 내부의 급격한 변화

5

수잔 숄티

수잔 숄티는 북한 인권 운동가 중 가장 권위 있는 사람으로 꼽힌다. 그는 1990년대에 탈북자들을 미국으로 초청, 미국 의회에서 증언하도록 한 첫 인권 운동가였다. 그는 디펜스포럼 회장, 북한자유연합 대표, 자유북한방송 이사장 등을 맡고 있다. 그는 그의 인권 운동 관련 노력을 인정받아, 서울평화상, 월터주드자유상, 그리고 한국 정부가 민간인에게 수여하는 가장 높은 훈장인 수교훈장 숭례장을 받았다.

개요

한국과 미국의 정권은 지난 수십 년 동안 북한 독재자를 상대하느라 그로 인해 고통받는 북한 주민들을 신경 쓰지 않아 왔다. 이들은 핵문제에 대한 합의를 이뤄낼 수 있을 것이라는 희망을 갖고 북한의 끔찍한 인권 상황을 의도적으로 모르는 체했다.

얼마나 많은 한국과 미국의 대통령들이 3대에 걸친 북한 독재자들을 상대하며 이들이 책임감 있고 신뢰할 수 있는 방식으로 협상에 임해 핵무기를 포기할 것이라고 생각했던가?

이들은 김씨 일가 독재의 통치 원칙인 주체사상을 이해하지 못했기 때문에 이런 헛된 희망을 갖고 있었다. 한국과 미국 같은 민주주의 국가 지도자들은 자국민들의 이익을 위한 행동을 하기 마련이지만 김씨 독재정권은 자국민은 관심에도 없으며 이들의 정권 유지에만 관심을 갖고 있다.

아마 더 안 좋은 일은 북한 주민들의 고통을 무시하는 행위가 김씨 정권이 정권을 유지하는 데 사용하는 거짓말에 힘을 실어준다는 점이다. 이 거짓말은 한국과 미국은 북한의 영원한 적이며 파멸을 불러오는 것에 혈안이 돼 있고, '친애하는 지도자'만이 주민들을 침략과 파멸로부터 보호해주고 있다는 내용이다.

우리의 주된 관심사는 북한이 자국민들에게 가하는 피해가 아니라 북한의 핵무기가 가할 피해에만 집중돼 있는데 이는 북한의 거짓말을 도와주는 행위다. 북한 주민들은 지금껏 그랬듯 계속해서 인권이라는 희망을 품고 있을 것이고 우리의 관심사를 인권에 우선시한다면 평화로운 변화가 다가올 수도 있다. 지금이 더욱더 그러한 때인데 이는 북한 내부에서 급격한 변화가 일어나고 있기 때문이다. 이런 급격한 변화는 우리가 외부에서 한 어떤 일 때문이 아니라 북한 주민들에 의해 이뤄지는 것이다. 북한 주민들이야말로 북한의 희망이다.

지금부터 프랭크 개프니와 수잔 숄티의 대담 내용을 소개한다. 이는 2022년 3월 27일 미국과 영국을 비롯한 전세계에 실시간 라이브(www.NTD.com/LIVE)로 송출된 NTD 방송을 통해 소개된 바 있다. 해당 시리즈의 제목은 '살아 있는 현안(Issues Alive)'이었다.

수잔 숄티와의 대담

힘을 통한 평화

프랭크 개프니(이하 개프니)**:** 저는 프랭크 개프니입니다. 제가 아주 좋아하는 분 중 한 분인 수잔 숄티 박사와 대화를 나누게 돼 기쁩니다.

저희는 현재 한반도에서 일어나고 있는 일들에 대한 대화를 나눌 예정입니다. 그중에서도 수잔 숄티 박사가 커리어의 대부분을 헌신한 사안, 즉 오랫동안 고통을 받고 있는 북한 주민들의 이야기입니다. 북한 주민들의 인권은 김씨 왕조 정권하에서 수십 년에 걸쳐 유린돼 왔습니다.

수잔 숄티는 워싱턴 DC에 본부를 둔 디펜스포럼의 회장, 북한자유연합 대표를 맡고 있습니다. 북한자유연합은 북한을 탈출한 사람들을 돕는 단체이며 이들의 증언을 통해 북한에서 일어나는 일을 연구하고 있습니다.

우선 오늘 이 자리에 나와 매우 중요한 말씀을 해주시는 것에 감사의 말을 전하고 싶습니다. 많은 이야기를 나누게 될 텐데, 우선 왜 이 문제에 처음 관심을 갖게 됐는지 듣고 싶습니다.

여러 분야에 관심을 갖고 계신 것으로 알고 있습니다. 의원직에 출마하기도 했고 미국의 국가안보 문제도 다뤄왔습니다. 그런데 어떤 계기로 북한 주민들을 위한 활동에 집중하시게 되셨습니까?

수잔 숄티(이하 숄티): 제가 속해 있는 디펜스포럼은 국가안보 문제에 중점을 두고 있고 미국이 강력하게 유지되도록 하는 단체입니다. 이는 초당적 단체인데 민주당과 공화당 모두 미국이 가장 강력해지기 위해서는 '힘을 통한 평화'가 필요하다는 점에 동의했을 무렵 만들어졌습니다. 당신도 여러 차례 저희 행사에 참석해 연설을 한 적이 있는데 큰 호응을 받았던 것으로 기억합니다. 당시 미사일, 핵무기, 중국 등 여러 위협에 대해 설명하셨는데요.

어쨌든 이 단체는 미국에 대한 위협에 초점을 뒀습니다. 저는 미국에 위협이 되는 모든 국가는 이들의 국민에게도 위협이 된다고 판단했습니다. 어떤 국가도 예외 없이 말이죠. 그런 이유에서 미국을 강력하게 만드는 것에만 초점을 두는 것이 아니라 위협을 가하는 정권하에 사는 주민들 역시 도와야겠다는 생각이 들었습니다.

그렇게 해서 당시 소련, 공산주의 중국, 쿠바 등에서 탈출한 사람들을 데려오기 시작했습니다. 저는 북한 주민들의 이야기도 들어보고 싶었습니다. 이런 이유에서 1996년에 한국 대사관의 문을 두드렸습니다. 그리고는 "디펜스포럼에서 해 온 것처럼 탈북자들을 의회에 초청할 수 있게 허락해줄 수 있느냐"고 물었죠.

독자들에게 디펜스포럼에 대해 짧게 설명하자면 포럼 행사는 의회에서 의회 관계자들을 대상으로 열립니다. 여러 국가를 탈출한 사람들, 반체제 인사들을 초청했었지만 북한 사람의 이야기는 한 번도 들어본 적이 없었습니다. 당시만 해도 탈북자가 많지 않았던 시절이었고 이들로 하여금 증언을 하도록 설득하는 데 거의 1년이 걸렸습니다. 또한 당시 탈북자들은 사실상 모두 한국 정부의 보호를 받고 있었습니다. 그렇게 1998년에 탈북자들을 미국으로 초청했는데 탈북자가 미국에서 증언을 한 것은 이번이 처음이었습니다. 최주활 대령 (상좌)과 고영환 외교관이었는데 실제로 북한에서 일어나고 있는 일들을 알려주는 뜻깊은 날이었습니다.

개프니: 그 모든 공포를 직접 겪은 증인들이었군요.

숄티: 네, 맞습니다. 이때는 1990년대로, 기근이 진행되고 있을 무렵이었습니다. 막 심해질 무렵이었는데 이 탈북자들은 대중 앞에 서서 이렇게 말했습니다. "우리들을 봐라, (북한) 정권이 인도주의 구호물자를 잘못 사용하고 있다는 것을 보여주는 산증인이다"라고 말이죠.

최주활 대령은 식사를 한 번도 걸러 본 적이 없는 사람처럼 보였습니다. 매우 힘이 세고 건강한 몸이었습니다. 반면 외교관 출신의 고영환은 키가 크고 깡마른 몸이었습니다. 몇 년 후 고영환 외교관을 다시 만났는데 체중이 불어 있어 못 알아볼 정도였습니다. 어찌됐든 이들은, "당신들 앞에 서 있는 우리는 '군대 우선주의(선군정치 · 先軍政治)'를 보여주는 산증인이다"라며 "구호물자는 군인들에게 먼저 가고 그 다음 외교관, 그 다음에 엘리트 계층에 나눠진다"라고 했습니다.

굶주린 일반 북한 주민들은 이런 물자를 보지도 못하고 있었습니다. 이 두 탈북자는 북한 내부에서 벌어지고 있는 조작 행위에 대해 설명해줬습니다.

급격한 변화

개프니: 훌륭한 이야기입니다. 더 자세한 이야기를 나누기 전에 잠시 다른 질문을 드리겠습니다. 탄압을 받는 주민들에 대한 실상이 제대로 알려지지 않은 것을 우려하신 것으로 보이는데요. 이런 문제가 왜 저희와 같은 일반 사람들에게도 중요한 것입니까?

숄티: 우선 저는 자유 속에 사는 사람들은 폭정 속에 사는 사람들의 권리가 지켜지도록 할 도덕적 의무가 있다고 생각합니다. 자유 시민으로서 다른 사람들을 보살펴야 할 의무가 있다고 봅니다. 이를 믿지 않는 사람들을 설득할 때 저는 이런 말을 하고는 합니다. 기독교인으로서 다른 사람들에게 좋은 일을 하고 이들을 배려해야 한다고 믿는다는 것이죠. 기독교인의 사명입니다. 만약 그래도 이것이 올바른 길이라는 점에 설득되지 않는다면, 그렇다면 평화를 위협하는 북한과 같은 정권이 자국민 역시도 위협하고 있다고 말하면 설득이 되겠느냐고 말합니다.

저는 이런 주민들을 해방시키는 것이 최선의 이익에 부합한다고 봅니다. 자유로운 국가는 다른 나라를 파괴하겠다고 위협하지 않잖아요.

개프니: 당신의 논리와 맥락은 비슷한데 저는 이렇게 표현하고 싶

습니다. 만약 자국민을 그렇게 끔찍하게 대하는 사람이라면 다른 사람들의 안녕에 대해서도 걱정할 가능성이 적다고 말이죠. 저는 북한 정권이 이에 부합한다고 생각합니다.

숄티: 네, 물론입니다.

개프니: 다른 체제나 이념을 갖고 있는 사람을 탄압하는 사람들에게는 공통적인 일일 것입니다. 앞서 처음에 언급하신 내용으로 돌아가 보겠는데요.

처음에는 탈북자의 수가 매우 적었다고 말씀하셨고 현재 북한에 변화가 일어나고 있다는 말을 하시고 싶은 것으로 알고 있습니다. 북한 주민들의 인권 상황을 개선할 수 있다는 희망을 주는 변화인 것 같습니다. 저는 북한 정권이 가하는 공포로부터 주민들을 해방시켜야 한다고 생각합니다. 한국이나 전세계 다른 곳에 정착해 자유를 찾은 증인들이 전하는 북한의 현재 상황에 대한 이야기를 해주십시오.

앞서 언급했듯 이들은 북한에서 펼쳐지는 악몽을 목격한 사람들인데요.

숄티: 네, 우선, 여러 변화가 있는데 급격한 변화 중 하나는 탈북자들의 수가 현재 매우 많다는 것입니다.

개프니: 얼마나 많다는 것인지 설명해주시죠.

숄티: 한국에 있는 탈북자만 3만5000명이 넘습니다. 영국, 캐나다, 미국 등 다른 국가에 정착한 사람들도 수천 명에 달합니다. 북한을 경험한 목격자들은 탈출하며 정보를 갖고 나왔습니다. 이들로부터 나온 정보의 양이 엄청납니다.

한 가지 설명할 것이 있습니다. 저희는 1999년에 (북한) 정치범수용소와 관련된 첫 번째 청문회를 개최하려고 준비했습니다. 당시 상원의원이었던 각각 민주당과 공화당 소속의 존 케리(민주 · 매사추세츠) 의원과 크레이그 토머스(공화 · 와이오밍) 의원이 주최, 1999년에 청문회가 열렸습니다. 정치범수용소를 탈출한 세 명의 생존자들이 출석했습니다.

그런데 국제사회를 대상으로 하는 라디오 방송국인 미국의소리(VOA)가 이 내용을 보도하려고 하자 국무부가 이를 막았습니다. 증인들을 신뢰할 수 있는지 불확실하다며 당시 4자 회담을 준비하고 있다고 했었죠(注: 1990년대 말 진행된 남북한 · 미국 · 중국 사이의 회담). 당시 핵무기 문제에 대한 협상을 준비하고 있었습니다. 핵심은 북한과의 협상을 방해해서는 안 된다는 것이었습니다. 이런 이유에서 이런 정보를 공개하는 데 오랜 시간이 걸렸습니다.

시간을 빠르게 돌려서 2014년에 일어난 일을 말씀드리겠습니다. 유엔 북한인권조사위원회(COI)는 (최종보고서를 통해) 북한 정권이 반인도주의 범죄를 저지르고 있으며 이는 세상 어느 곳에서 일어나는 범죄에 비할 수도 없다고 했습니다. 인권이 심각하게 유린되고 있다는 내용이었는데 저희가 수십 년 동안 주장하고 밝혀온 내용이었습니다. 마침내 유엔 COI가 저희가 해왔던 이야기와 같은 결론을 내린 것이었습니다.

이는 목격자들의 증언과 경험을 바탕으로 한 것이며 이런 증언을 내놓은 이들의 용기 덕분에 가능했습니다.

탈북자들의 비극적 운명

개프니: 세계에서 가장 억압적인 경찰국가로 볼 수 있는 곳에서 어떻게 사람들이 탈출할 수 있었을까요?

숄티: 우선 '지하철도'라고 불리는 네트워크를 통해 탈출할 수 있습니다(注: 이는 실제 철도가 아니라 북한 주민의 탈출을 돕는 비밀 루트이다). 한 여성의 예를 들어보겠습니다. 저는 그를 '북한의 해리엇 터브먼'이라고 부릅니다(注: 흑인해방운동가로 미국의 남북전쟁 무렵 '지하철도'를 통해 흑인 노예들을 북부로 탈출시킨 인물이다). 수천 명의 북한인들을 구출한 사람이기 때문인데요.

현재 코로나19로 인해 이런 탈출 네트워크가 막혔습니다만 사람들은 이를 통해 탈출했었습니다. 이 탈출 루트는 여러 곳으로 향하게 됩니다. 태국, 라오스, 베트남, 어떤 경우에는 몽골을 통하는 북쪽 루트도 있습니다. 그러나 탈출을 위해서는 중국을 거쳐야만 하는데 이는 매우 위험한 과정입니다.

개프니: 저는 중국이 북한 정권이 끔찍한 일을 하는 것을 가능하게 하는 역할을 한다고 보는데요. 중국공산당이 없었다면 북한 정권도

없을 것이라고 생각하십니까?

숄티: 네, 맞습니다.

개프니: 중국이 북한의 억압을 피해 탈출한 사람들을 어떻게 대우하고 있습니까?

숄티: 중국은 박해를 받거나 박해를 받을 위험이 있는 사람을 해당 지역으로 송환시키지 않는 것을 골자로 하는 국제난민협약에 서명했습니다.

개프니: (탈북자의 경우는) 모두 해당되겠군요.

숄티: 네, 맞습니다. 북한 국경을 건넌 모든 사람들은 (북한으로 돌아가면) 100% 고문을 당합니다. 100%가 구금되고 국경을 넘었다는 이유로 공개처형을 당하는 일도 발생합니다. 허락 없이 국가를 떠나는 것을 국가에 대한 범죄로 보기 때문입니다. 그렇기 때문에 모든 탈북자들이 위험에 처해있습니다.

개프니: 제가 알기로는 국경을 넘은 당사자뿐만 아니라 그의 가족들도 처벌을 받는데, 맞습니까?

숄티: 음, 북한의 경우는 누군가가 범죄 혐의를 받게 되면 그의 가족

3대가 모두 수감될 수 있습니다.

개프니: 어떤 범죄인지 상관없이요? 아니면 국가를 배신하는 수준의 큰 범죄만 해당됩니까?

숄티: 한국 드라마, 혹은 서방세계의 영화를 봤다는 이유로도 가능합니다. 이런 것이 범죄가 될 수 있습니다. 혹은, (김씨 일가의) 동상에 제대로 묵례(默禮)를 하지 않았다는 이유도, 김정일이 죽었을 때 충분히 울지 않았다는 이유도 있습니다. 이런 범죄로 수용소에 가게 될 수 있습니다.

개프니: 계속 이 점을 지적하고 싶은데요. 세상에는 끔찍한 정권이 많이 있고 역사적으로도 이런 정권이 많았습니다. 그런데 북한 정권의 것과는 비교할 대상도 없다는 말이 정말 사실인 것 같습니다. 언급했듯 김정일 장례식에서 충분히 울지 않았다고 가족 전체가 수용소에 가게 된다는 건데요. 참 시사하는 바가 큰 이야기인 것 같습니다. 요즘 북한을 탈출한 사람들의 중국에서의 운명은 어떻습니까?

숄티: 2021년 말 기준으로 600명에서 1200명 사이의 북한인이 중국에 구금돼 있는 것으로 알고 있습니다. 이중 최소 절반은 한국으로 가고자 했었습니다. 저희는 이들이 심각한 위험에 처해있기 때문에 한국에 정착하기 위한 안전한 길을 마련해줄 것을 중국에 호소해 왔습니다.

이들은 지난 몇 년 사이 탈출한 난민들인데 탈출을 했다는 것은 이들이 탈출을 위한 자금 등을 갖고 있었다는 뜻입니다. 북한에서 이런 자금을 갖고 있는 사람들은 노동당 당원이거나 한국에 있는 가족으로부터 지원을 받는 사람들입니다. 한국에 있는 가족들이 북한에 있는 가족들을 구출하기 위해 브로커를 고용하고 있는 것입니다.

개프니: 이런 탈북자들은 끔찍한 위험에 처한 것이군요.

숄티: 네, 맞습니다. 만약 이들의 가족이 한국에 있고 한국에 가려고 했다는 사실이 발각되면 공개처형을 당할 수도 있습니다. 노동당 당원인데 북한을 배반했다? 이런 이유로도 처형 대상이 됩니다.

개프니: 북한 정권은 이들을 본보기로 삼아 다른 사람들이 탈출을 시도조차 못 하게 만드는 것이군요.

잡히지 않은 탈북자들

숄티: 이들이 큰 위험에 처해있다는 이야기를 하고 싶습니다. 저희는 문재인 전 정권과 중국 당국에 호소를 했습니다. 지금은 북한이 (중국과의) 국경을 폐쇄한 상황이기 때문에 평소와는 다릅니다. 북한은 국경이 닫혔기 때문에 송환되는 난민들을 받지 않고 있습니다.

이는 코로나19 때문인데, 북한은 이를 끔찍하게 두려워합니다. 세계보건기구(WHO)에 따르면 북한에는 확진자도, 이로 인한 사망자도 없습니다. 세계보건기구를 믿으시는지는 모르겠지만, 북한엔 코로나19가 없다고 합니다.

개프니: 냉소적으로 웃고 계시네요. 저는 그럴 가능성이 낮다고 생각합니다.

숄티: 내부에서 발생하는 여러 끔찍한 이야기들을 접하고 있습니다. 최근 북한이 또 미사일 실험을 했는데요. 과거 사례를 보면 중국이 난민들을 한국으로 가게끔 허락하며 북한의 핵실험에 불쾌감을 표출한 적이 있습니다. 현재 난민들을 모두 구출, 한국으로 가게끔 허락해줄 것 같은 기회가 있다고 생각합니다.

개프니: 현재 600명에서 1200명의 북한인이 중국에 구금돼 있는데요. 잡히지 않고 도주 중인 탈북자들도 중국에 있다고 보십니까? 아니면 중국으로 간 모든 사람들이 다 감옥으로 갑니까?

숄티: 현재 중국에는 꽤 많은 인신매매 피해자들이 있습니다. 수천명에 달하는데 특히 여성들이 많습니다. 이는 중국이 한 자녀 정책을 유지해왔고 이로 인해 여성이 부족하기 때문입니다.

북한에서 생긴 급격한 변화 중 여성과 관련된 것은 이들이 장마당을 만들었다는 것입니다. 여성들이 이런 시스템을 구축했죠. 그리고 지금, 북한 밖에 있는 난민들의 대부분은 여성입니다. 가족을 먹여 살리려는 많은 여성들이 인신매매범들에게 속아 중국으로 건너

갔습니다. 중국 가정에서 유모와 같은 일자리를 얻을 수 있다는 꾐이죠. 이들은 얼마 지나지 않아 이들의 머리 위에 모자가 덮여 있고 이들이 시장에서 판매되고 있다는 사실을 알게 됩니다. 노예 시장과 다를 바가 없습니다. 의지에 반하여 사창가에 감금되고 이들을 대상으로 인터넷 포르노 영상을 만드는 곳도 있습니다.

이들의 또 다른 운명은 시골에 사는 중국 농부의 부인이 되는 것입니다. 끔찍한 상황인데 이런 일이 많습니다. 중국의 시골 마을에 가보면 북한에서 온 부인들이 많다는 것을 확인할 수 있습니다. 이들과 이들의 자식에게는 어떤 권리도 없습니다. 끔찍한 상황이죠.

여성 사업가와 장마당

개프니: 네, 다음 주제로 넘어가 보도록 하겠습니다. 북한 여성들이 만든 장마당이라는 변화는 다소 희망적으로 보입니다. 공산주의 국가에서 이런 시장 경제 체제를 구축하려는 여성과 이들의 역할에 대해 알려주십시오.

숄티: 네, 우선 이것이 너무 과소평가됐다는 말을 드리고 싶습니다. 이들은 수백만이 죽어 나간 이른바 '고난의 행군' 시절의 절망적 상태에서 자유 시장 경제 체제를 만들었습니다. 남성들은 일을 가거나 공장에 가야 했는데 임금을 받지 못했습니다. 이것이 여성들이 사업가가 된 이유입니다.

북한 정권은 붕괴되고 있었고 배급 체계는 완전히 무너졌습니다. 여성들이 길거리로 나가 사업가가 된 것입니다. 자식과 남편, 그리고 부모를 먹여 살려야 했기 때문입니다. 이들이 북한을 구했습니다.

북한 정권은 계속해서 이 시장을 통제하려고 했습니다. 여러 제도를 도입하려 했습니다. 35세 이상이 아니면 장마당을 사용할 수 없다, 45세가 넘어야 한다는 제도 등으로 말이죠. 김정일 정권은 이런 법과 제도를 통해 시장을 장악하려고 했습니다. 왜냐하면 이런 시장이 북한 전역에 속속 들어서고 있었기 때문입니다.

이런 시도는 완전히 실패했습니다. 그런 뒤 또 한 번의 전환점이 있었죠. 북한은 2009년에 새로운 통화 체제를 도입하려고 했습니다. 이번에도 역시 시장 경제를 통제하기 위해서였는데 처참하게 실패했습니다. 북한 내부에서 반발이 매우 심해졌고 정권은 이 통화 정책의 책임자로 한 명을 지목해 처형하는 상황이 벌어졌습니다. 그런 뒤부터는 한발 물러섰고 이런 시장이 기능을 할 수 있도록 했습니다.

(미국의 싱크탱크인) 전략국제문제연구소(CSIS)가 탈북자들을 대상으로 한 연구를 소개해드리겠습니다. 한 몇 년 전에 발표된 통계인데요. 응답자의 72%가 가구소득의 거의 모두를 장마당을 통해 얻었다고 했습니다. 72%나 말이죠. 그리고 83%의 응답자는 외부로부터 반입되는 정보가 이들의 삶에 끼친 영향이 북한 정부가 끼치는 영향보다 크다고 했습니다.

이는 놀라운 일입니다. 시장 경제가 도입되기 전까지만 해도 모든 것들은 완전히 통제됐습니다. 북한 정권이 주민들을 통제한 하나의 수단은 배급 체계였습니다. 모든 주민들로 하여금 정부에 의존하도록 한 것이죠. 배급은 정권에 대한 충성심을 바탕으로 분류되는 '성분'에 따라 다르게 주어졌습니다. 배급으로 냉장고가 됐든, 쌀이나 옥수수가 됐든 말이죠.

앞서 소개한 최주활 대령은 인도주의 지원 물자가 어디로 향하는지에 대해서 설명했습니다. 인도주의 단체인 세계식량계획 트럭이 북한으로 들어가 쌀을 전달하게 됩니다. 이들이 떠나고 나면 북한군 트럭이 와서 쌀을 모두 회수해간다는 것입니다.

북한의 경우는 모든 것들이 배급된 뒤 통제됐습니다. 어디에 사는지, 무엇을 먹는지, 무엇을 소유했는지와는 아무 상관이 없습니다. 냉장고든 메르세데스 벤츠이든 말이죠. 이런 체계가 무너지자 북한 여성들이 개입, 생존을 위한 자유 시장 체제를 만들었고 이것이 이들이 현재 살아남는 방식입니다.

북한의 상황이 개선됐다고 말하는 것이 아닙니다. 여전히 북한에는 기근과 같은 상황이 펼쳐지고 있습니다. 하지만 과거 300만 명이 사망하는 수준의 끔찍한 굶주림이 없는 이유는 이런 장마당이 존재하기 때문입니다.

육해공(陸海空) 정보 전달

개프니: 이는 마거릿 대처가 처음 고안해낸 격언이 옳다는 놀라운 증거입니다. 대처는 사회주의의 문제는 누군가가 결국에는 다른 사람들의 돈을 모두 써버리는 데 있다고 말했습니다. 북한에는 서방세

계나 중국공산당에서 들어가는 돈 이외에는 없는 것 같았습니다.

그런데 말씀하신 것은 북한 정권이 주민들의 일상생활에 필요한 이런 경제 체계를 일정 부분 수용했다는 것으로 들립니다. 그리고 이를 유지하고 있다는 것인데, 이들에게 신의 축복이 있기를 바랍니다. 당신이 중요하게 생각하는 북한의 또 다른 변화로 주제를 옮겨 보겠습니다.

당신은 자유북한방송과 긴밀히 일해오셨는데요. 현재 북한 주민들이 정보를 어떻게 접하고 있는지, 탈북자들이 이에 어떤 도움을 주는지 궁금합니다.

숄티: 저희(미군)는 'Operation Jilli'라고 불린 작전을 수행한 적이 있습니다. 이는 한국어로 진리(眞理)를 뜻합니다. 미군이 풍선을 통해 북한에 정보를 전달하는 작전이었는데 결국 한국 정부가 이를 담당하게 됐죠. 이는 정보를 전달하는 긍정적인 프로파간다 작전이었고 한국 정부가 이를 이어받았습니다. 그런데 김대중 정권 시절(햇볕정책) 당시 북한 정권에 보여주는 유화의 제스처로 한국 정부는 이 프로그램을 중단했습니다. 탈북자들이 들고일어났고 이 프로그램을 자체적으로 운영하게 됐습니다.

저는 땅과 바다, 하늘 등 모든 방법을 동원해 정보를 전달해야 한다는 입장입니다. 저희는 이런 세 가지 방법을 모두 활용해 정보를 전달하려 하고 있습니다. 예를 들어 북한 주민들은 서방세계의 영화도 보고 K-Pop도 즐기며 한국의 드라마를 사랑합니다. 코로나19가 발생하기 전만 해도 이런 정보들이 북한으로 쏟아져 들어갔습니다.

개프니: 비무장지대 반대편에서 어떤 일이 일어나고 있는지, 이들의 삶에서 무엇을 빼앗기고 있는지 보여주는 일이었습니다.

숄티: 네, 맞습니다. 저는 이런 급격한 변화로 인해 김정은의 북한은 김일성의 북한이나 김정일의 북한과는 다르다는 말을 항상 합니다. 정보가 흘러 들어가기 때문인데, 처음에는 드라마와 영화에서 시작됐습니다. 북한 주민들은 드라마를 보고 한국 여성들이 갖고 있는 생활용품에 깜짝 놀랐습니다. 주방용품들이 이들을 매료시켰죠.

저는 센세이션을 일으킨 영화 '타이타닉'에 대한 이야기도 자주 합니다. 이 영화는 북한에서도 센세이션을 일으켰고 이를 봤다는 북한 사람들을 많이 봤습니다. 북한 정권은 이 영화의 인기에 대처하기 위해 일종의 프로파간다를 해야만 할 정도였습니다. 왜냐하면 영화의 내용이 북한 주민들을 깜짝 놀라게 했기 때문입니다. 사랑하는 사람을 위해서 목숨을 희생하는 것을 본 것이었죠. 놀란 이유는, 북한 사람들 생각에 본인을 희생해야 하는 대상은 오직 독재자뿐이었기 때문입니다.

그러자 북한 정권은 이를 해결할 방안을 마련했습니다. 새로운 선전활동이었는데 타이타닉이 사랑을 다룬 영화가 아니라는 내용이었습니다. 이 영화가 실제로는 자본주의의 실패와 죽음을 묘사한 것이라고 했습니다. 타이타닉호가 침몰한 것은 김일성이 태어난 1912년 4월15일과 일치했기 때문이라는 것이었습니다. 이를 생각해낸 선전 담당자는 정말 대단한 사람 같습니다.

이 선전문은 "김일성 주석이 동방에서 인류의 태양으로 탄생하던 날 서방에서는 자본주의 번영의 상징으로 여겨지던 타이타닉호가 침몰했다"고 했습니다. 역사상 같은 날에 일어난 두 사건은 "동양의 부상(浮上)과 서방의 침몰"을 의미한다고도 했습니다.

하지만 앞서 언급했듯 땅과 바다, 하늘을 통해 정보를 유입시키고 있습니다. 탈북자들과 어떻게 협력하고 있는지 예를 들자면, 저희는 항상 "진리가 그들을 자유케 하리라"라는 말을 합니다. 이는 제가 함께 일하는 탈북자들과 저희 단체 모두의 신조입니다. "진리가 그들을 자유케 하리라."

저희는 또한 "이 정권이 언제 붕괴할까"라는 질문에 대한 답변에 대해서도 이야기를 나눕니다. 저희는 항상, "바로 내일"이라고 답합니다.

저희는 사람들이 진실을 알게 된다면 사악한 독재 정권을 제거할 것이라고 믿기 때문입니다. 저희가 관심을 갖는 것은 사람이고 북한의 주민들에게 관심을 갖고 있다는 것을 알게 된다면 말이죠.

현재 어떤 일들이 진행되고 있는지 계속 말씀드리겠습니다. 작전명 '진리'는 풍선을 날리는 것이었습니다. 탈북자들이 현재 이를 맡고 있습니다. 약 10개의 단체들이 이를 진행하고 있는데 가장 논란이 컸던 곳은 박상학 씨의 자유북한운동연합입니다. 논란이 된 이유는 박상학 대표가 독재정권의 살인 행위에 대해 목소리를 높여왔기 때문입니다. 북한 독재정권이 미국인 오토 웜비어를 살해하고 김정은이 고모부를 살해했다는 내용을 지적한 것입니다.

개프니: 미국 시민권자인 오토 웜비어는 구금됐다가 살해됐던 것

이죠?

숄티: 네, 살해됐습니다! 그(박상학)는 북한 정권에 의해 많은 공격을 받고 있습니다. 그런데 10개 정도의 비슷한 단체들이 있고 이들은 정보를 유입시키기 위해 풍선을 날리고 있습니다. 이는 검증된 기술이었습니다.

개프니: 풍선에는 무엇이 담겼습니까?

숄티: 음, 미화 1달러 지폐를 보내고 있습니다. 1달러는 (북한) 시장에서 가치가 매우 높습니다. 일주일 동안 4인 가족을 먹여 살릴 수 있었습니다. 현재의 가치는 잘 모르겠습니다. 코로나19 이후 북한에서 나오는 정보가 줄어들었습니다. 어찌 됐든 1달러는 북한 시장에서 매우 인기가 있습니다. 최근에는 개인 보호 장비들을 보내고 있습니다. 마스크와 같은 물품들이죠. 또한 단파 라디오, 크기가 매우 작은 SD카드도 보내고 있습니다. 이는 정보를 전달하기에 매우 적합합니다.

그리고 북한에서 인기가 좋은 초코파이도 보내고 있습니다. 초코파이! 놀라운 제품입니다. 한국에서 만들어진 초콜릿의 정(情)을 보내는 것입니다. 이들 단체들은 이런 물건들을 풍선을 통해 보내기도 하지만 국경을 통해 보내는 방법도 개발했습니다.

탈북자들은 기발한 아이디어를 생각해냈습니다. SD카드, CD, USB를 사용하는 노텔이라는 제품이 있습니다(注: DVD나 USB를 재생하는 미디어플레이어). 노텔은 정보에 접근할 수 있는 귀중한 물건입니다. 탈북자들은 당시 한국 정부의 지원을 받아 노텔을 북한에 밀반입시켰습니다. 3만 대에서 5만 대를 보냈는데 인기가 너무 많았기 때문에 북한 정권은 이를 소유하는 것을 범죄 행위로 간주하지 않게 됐습니다. 이런 기기를 자체적으로 만드는 방법을 택했죠. 그들(탈북자)이 해낸(정보를 보낸) 또 하나의 방법이었습니다.

지금까지 하늘과 육상을 통해 정보를 전달한 사례를 소개했습니다. 그리고 정광일이라는 탈북자가 있는데요. 그는 드론을 사용해 국경 너머로 물건을 보내고 있습니다. 코로나19 때문에 더 이상 북중 국경으로는 물건을 전할 수 없습니다.

개프니: 바다로는 어떻게 보냅니까?

숄티: 네, 바다로 보내는 것이 또 하나의 방법인데요.

〈사진설명: 쌀을 비롯한 물자가 담긴 생수병이 북한으로 향하고 있다.〉

이 단체들은 (위 사진과 같이) 생수병에 쌀을 채워 보냅니다. 이런 생수통에 들어있는 1달러 지폐가 눈에 잘 띕니다. 이 역시도 탈북자들이 개발해낸 방법이었습니다. 여러 단체가 이렇게 물자를 보냈고 지금도 계속해 보내고 있습니다. 현재 이런 행위는 전임 문재인 정권으로 인해 한국에서 불법이 됐습니다. 저희는 문재인 정부가 한 모든 것들은 김씨 정권의 요청에 따른 것이라는 점을 기억해야만 합니다. 이들은 북한 주민들보다 김씨 정권을 더 도왔습니다.

이런 물자 전달 방식은 북한군에서 근무했던 탈북자가 개발한 것입니다. 그는 황해도 연안에서 순찰을 하다 해안으로 밀려오는 한국의 쓰레기를 봤던 것을 기억했습니다. 그리고 몇 년 후 “아, 조류(潮流), 자연적인 조류의 흐름을 이용하면 정보를 유입시킬 수 있다”고 말하게 된 것입니다.

쌀이 담긴 생수통에는 쌀만 있는 것이 아니라, 1달러 지폐, SD카드, 기생충약이 들어있습니다. 비무장지대를 건너온 탈북자의 몸에 기생충이 득실거리는 것을 보았었죠. 탈북자들은 기생충약도 보내고 성경도 보내기 시작했습니다.

개프니: 이 주제를 저희에게 매우 잘 설명해주신 것 같습니다. 이런 내용을 마음에 담아두어야 할 뿐만 아니라 전략적으로도 검토해봐야 하겠습니다.

다음 장에서도 계속 대화를 이어갈 수 있게 돼 기쁩니다. 문재인 전 정권이 한국에서 어떤 일을 했는지, 어떤 위험을 줬는지에 대한 이야기를 나눠보겠습니다. 저는 문재인 정권이 무엇보다 북한과 통일을 하려고 했던 것 같습니다. 북한이 원하는 방식의 통일을 말이죠. 다음 장에서 이야기를 이어가도록 하겠습니다.

숄티: 네, 알겠습니다.

개프니: 제가 하고 싶은 말은 한국인들도 좋지 않은 대우를 받을 위험에 처해있다는 것입니다. 이에 대한 논의를 이어가기에 앞서 우선 이번 장에서 설명해주신 좋은 내용에 감사를 전합니다. 저희가 누구를 상대로 맞서고 있는지를 잘 보여줬다고 생각합니다. 전세계가 함께 북한 정권과 맞서야 한다고 봅니다. 이런 싸움을 이끌어주시는 것에 감사를 표합니다.

수잔 숄티 후기

대북풍선과 탈북자들에 대한 최신 소식 하나를 소개하려 한다. 문재인 전 대통령과 북한 독재자 김정은의 요청에 따라 한국 국회가 '대북전단금지법'을 통과시켰다는 사실을 알 필요가 있다. 이 금지법은 한국의 헌법과 국제조약 위반이다. 한국은 '시민적 및 정치적 권리에 관한 국제규약'에 가입돼 있다. 해당 규약 19조는 아래와 같다.

〈모든 사람은 표현의 자유에 대한 권리를 가진다. 이 권리는 구두, 서면 또는 인쇄, 예술의 형태 또는 스스로 선택하는 기타의 방법을 통하여 국경에 관계없이 모든 종류의 정보와 사상을 추구하고 접수하며 전달하는 자유를 포함한다.〉

풍선이나 쌀이 담긴 통을 보내는 것을 범죄로 규정한 금지법(벌금과 징역형!)이 통과됐지만 탈북자들의 노력은 멈추지 않고 있다.

서해를 통해 북한 황해도로 쌀이 담긴 통을 보낸 탈북자 중 한 명이 최근 조사를 받았다. 한국 해군이 그가 보낸 통을 입수, 그가 이를 흘려보낸 강화도의 경찰서에 전달한 것이다. 병 안에 무엇이 들어있었을까? 쌀, 돈, 그리고 미국 의회 의원들의 메시지를 담은 휴대용 저장장치가 담겼었다. 미국의 민주당, 공화당 양당 의원들이 보낸 메시지가 말이다!

의원들의 메시지는 자유북한방송을 통해 방송된 적이 있다. 이는 2022년 북한 주민들에게 희망과 격려를 주기 위한 내용의 메시지였다. 북한 주민들을 걱정하고 있고, 미국은 그들의 친구이지 적이 아니라는 내용이었다.

대북전단금지법을 위반하는 행위였지만 이에 대한 추가 조치는 취해지지 않았다. 우리는 미국 의원들의 강력한 메시지가 담겨있었기 때문이라고 생각한다. 한국 정부가 이런 메시지를 북한 주민들에게 공유한 탈북자를 처벌하는 것은 부끄러운 일이었을 것이다.

박상학은 2022년 4월 마지막 주에 또 한 차례 대북전단을 날렸다. 이는 2021년 북한자유주간 당시 대북전단 살포로 체포된 이후 처음으로 전단을 살포한 것이었다. 그는 당시 100만 장의 전단을 보냈다. 박상학은 북한 정권의 핵위협을 규탄하고 한국에서 윤석열이라는 보수 대통령이 당선된 사실을 알리기 위해 전단 살포를 재개했다고 밝혔다.

이 대담이 진행된 이후 중국 내 북한 난민에 대한 새로운 소식도 들어왔다. 4인 가족 하나가 한국에 안전하게 도착했다는 소식이었다. 더 많은 사람들이 자유를 찾아가길 바란다.

프랭크 개프니의 요약

독자들은 왜 내가 수잔 숄티를 가장 좋아하는 사람 중 한 명이라고 말했는지 알게 됐을 것이다. 그는 1990년대에 공산주의 국가들을 탈출한 사람들과 함께 일을 하기 시작했다. 미국에 대한 위협이 되는 국가는 예외 없이 자국민들에게도 위협이 된다는 믿음이 있었기 때문이다. 그는 이런 정권하에서 생활하는 사람들을 도우면 자유세계에 사는 사람들을 더욱 안전하게 만들 수 있다고 봤다.

1998년, 그는 북한에서 온 탈북자들이 미국에서 증언하는 행사를 주최한 뒤부터 북한 문제에 초점을 맞추기 시작했다. 이 탈북자들은 북한 정권의 참상과 이들이 서방세계에서 지원한 인도주의 물자를 어떻게 빼돌리고 있는지를 폭로했다.

오늘날, 한국에만 3만5000명 이상의 탈북자들이 있다. 수잔 숄티는 이 용감한 사람들이 자유를 찾아 탈출하는 과정에서 겪은 위험한 여정에 대해 설명했다. 또한 이들을 돕는 '북한의 해리엇 터브먼'에 대해서도 소개했다. 어떤 사람들은 탈출에는 성공하지만 중국공산당에 의해 강제 북송되기도 한다. 이들은 거의 구금되거나 고문을 받으며 즉결 공개 처형 대상자가 되기도 한다.

인터뷰 과정에서 수잔 숄티는 자연재해와 김씨 왕조의 미치광이 정책으로 인해 발생한 대기근 속에서 가족과 지역주민들을 먹여 살리기 위해 북한 여성들이 어떤 일을 했는지도 소개했다. 이들은 자유 시장 경제와 비슷한 방식의 장마당을 만들어 운영했다. 이런 장마당은 초창기에는 불법이었지만 너무나 빠르게 확산되고 북한 정권의 생존에도 중요한 요소가 됐기 때문에 정권은 이를 폐쇄하려는 시도를 중단했다.

대담에서 나온 가장 고무적인 내용 중 하나는 땅과 바다, 하늘을 통해 진실된 정보를 북한에 유입시키고 있다는 것이다. 정보를 전달하는 라디오를 포함해서 말이다. 보내지는 물자 중에는 오락 방송도 있고 미화 1달러 지폐도 있다. 이런 정교한 노력들로 인해 이른바 '은둔의 왕국'을 봉인하고 이를 통해 오랫동안 고통 받아 온 주민들에 대한 완전한 통제를 유지하려는 김정은의 시도를 무력화했다는 것이다. 특히 감동적이었던 것은 밀반입된 영화 타이타닉에 누군가가 사랑 때문에 자신의 목숨을 희생했다는 내용이 담겨 발생한 이야기였다. 독재자만을 위해 희생을 할 수 있다는 세뇌를 받아온 북한 주민들에게 이 영화의 내용은 새로운 충격이었을 것이다.

수잔 숄티는 북한 주민들이 북한의 추악한 정권에 대한 진실을 깨닫고 적대적이고 증오의 대상이라고 끊임없이 교육 받아온 외부 세계의 존재를 알리기 위해 수년간 노력해왔다. 그는 만약 상황이 갖춰지면 이들이 정권을 대항해 일어나 본인들을 해방시킬 것이라고 믿는다고 했다. 이는 북한 인권을 위한 승리일 뿐만 아니라 자유 세계의 안보에도 큰 도움이 될 것이다.

아마도 이런 이유 때문에 친북 성향의 문재인 전 한국 정권이 이런 중요한 정보가 유입되는 것을 적극적으로 방해한 것일 수 있다.

수잔 숄티는 이런 정보 유입 활동을 한국에 있는 탈북자 및 반(북한) 체제 인사들과 함께하고 있다. (한국의 대북전단금지) 정책은 인권과 민주주의의 가치를 믿는 우리 모두에게 놀라운 일이고 불신을 야기한다.

다음 장에서는 수잔 숄티와 함께 문재인 전 대통령이 어떻게 인권 개선 노력을 훼손했으며 김정은 정권을 얼마나 위험하게 도와줬는지를 파헤칠 계획이다.

LIVING WITH

DICTATORS

By Suzanne Scholte

북한의 개혁

6

개요

나치 독일이 유대인을 상대로 저지른 만행이 드러난 2차 세계대전 이후 국제사회는 절대 다시는 이런 종류의 잔인한 일이 발생하도록 내버려 두지 않겠다고 다짐했다. 그러나 당신이 북한 주민이라면, '절대 다시는'이라는 표현이 공허하게 들릴 것이다. 왜냐하면 이런 일이 다시 일어나고 있기 때문이다. 또한 중요한 인권 관련 문제를 최우선으로 다루지 않는 상황에서는 종전선언이나 6자회담 등을 통한 그 어떤 합의도 진행돼서는 안 된다.

자유세계가 할 수 있는 가장 중요한 일은 북한 탈북자들의 활동을 직접적으로 지원해 이들로 하여금 고향에 평화로운 변화가 이뤄지도록 하는 것이다. 자유 한국에서 거주하는 탈북자들이 김정은 정권하에서 노예로 사는 형제자매들에게 직접 손을 내밀도록 하는 것보다 강력한 것은 없다.

북한 정권의 일원들은 매일 같이 어려운 선택에 직면한다. 김정은에 대한 완전한 노예적 헌신을 바치는 선택, 아니면 처형을 당하거나 정치범수용소에서 천천히 죽음을 맞이하며 이들이 사랑하는 사람들이 죽는 것을 눈앞에서 지켜보는 것이다. 이들에게는 세 번째 선택권이 주어져야 한다. 이는 북한 권력층에게 이들이 한국과 미국에 친구와 동맹 세력이 있다고 알리는 것이다. 이런 친구들이 자유인으로서의 장점, 절망이 아닌 희망을 전달하고 있다는 것을 알려주는 것이다. 우리는 북한 주민들에게 한국과 미국, 한국전쟁, 그리고 인권이 보장된 자유사회의 진실을 알려줘야 한다. 제2장에서 고든 창이 언급한 '한강의 기적'이 '압록강의 기적'으로 이어질 수 있다는 것을 알려주는 것이다. 이는 북한인들에게 기회가 주어지고 김정은의 잔혹한 노예화에서 벗어나게 된다면 가능해질 수 있다.

북한 주민들은 이들이 겪고 있는 불행의 근원이 김씨 정권 때문이라는 사실을 완전히 깨달아야만 이런 선택을 고려할 것이다. 이를 할 수 있는 것은 한국도 미국도 아니다. 북한 주민들은 북한에 수많은 정보가 유입됨에 따라 이런 진실들을 배워나가기 시작했다. 이명박, 박근혜 정권에서 그렇게 많은 사람들이 북한을 탈출할 수 있었던 이유는 여기에 있다. 이는 먹을 것을 찾기 위해서만이 아니었다. 자유, 더 나은 삶, 그리고 이들의 꿈을 좇기 위해서였다.

지금부터 프랭크 개프니와 수잔 숄티의 두 번째 대담 내용을 소개한다. 이는 2022년 4월 3일 미국과 영국을 비롯한 전세계에 실시간 라이브(www.NTD.com/LIVE)로 송출된 NTD 방송을 통해 소개된 바 있다. 해당 시리즈의 제목은 '살아 있는 현안(Issues Alive)'이었다.

수잔 숄티와의 대담

정보의 힘

프랭크 개프니(이하 개프니)**:** 저는 프랭크 개프니입니다. 미국에서 가장 끈질기고 영향력 있는 자유 투사 중 한 분과 북한에 관한 이야기를 나누게 돼 기쁩니다. 바로 수잔 숄티 박사인데요. 지난 장에서는 그와 역사상 가장 혐오스러운 정권 중 하나인 김정은 정권, 그리고 이전의 김씨 왕조 정권에 의해 고통을 받은 북한 주민들에 대해 이야기를 나눠봤습니다.

이번에는 수잔 숄티와 그의 동료들이 북한 주민들의 고통을 가장 빠르게 완화하고 한반도를 올바른 방향으로 변화시키기 위해 어떤 일을 하고 있는지에 대해 더 자세히 들어보도록 하겠습니다. 북한 정권의 끔찍하고 비인간적인 행위에 대한 이야기를 나눌 기회를 만들어준 것에 다시 한 번 감사드립니다.

지난 장에서도 언급하셨지만, 당신과 동료들, 그리고 탈북자들이 북한 주민들에게 정보를 전달하는 것의 중요성을 다시 한 번 자세히 짚어보도록 하겠습니다. 이는 북한 주민들로 하여금 이들이 무엇을 갖지 못하고 있고, 어떤 자유를 누리지 못하고 있는지를 알려주는 것인데요. 자유북한방송이 이를 위해 어떤 일을 하고 있는지 알려주시기 바랍니다.

숄티: 네, 저는 우선 정보를 (북한에) 유입시키기 위해 모든 방법을 동원해야 한다고 생각합니다. 탈북자들은 대북풍선, 쌀을 담은 생수병, 라디오 방송 중에 무엇이 더 효과적이냐는 논쟁을 하고는 했습니다. 하지만 이 모든 것들이 다 똑같이 중요합니다. 가능한 모든 방법을 사용해 북한 주민들에게 정보를 전달해야만 합니다.

풍선은 북한 지역의 남쪽 절반까지 도달할 수 있으며 일부는 평양에도 전해졌습니다. 생수병은 해안가에 도달할 것이고 라디오는 모든 사람이 들을 수 있을 것입니다. 저희의 라디오 방송은 북한, 한국, 그리고 중국과 북한의 국경지역에 있는 모든 사람들이 들을 수 있습니다. 그런데 라디오를 갖고 있는 사람이 몇 명이나 되느냐는 문제가 제기됩니다. 단파 라디오의 전원을 켤 수 있는 곳에 사는 사람들이 얼마나 되느냐는 것이죠. 이런 이유에서 모든 방법이 총동원돼야 한다는 것입니다.

저희는 북한의 엘리트들이 라디오 방송을 듣고 있다는 사실을 알고 있습니다. 하지만 저희는 모든 사람들이 이를 들을 수 있게 하고 싶습니다. 정보의 힘이라는 것은 매우 중요합니다. 흥미로운 일인데요. 김정은 정권이 어떻게 대응하느냐를 보면 어떤 방식이 가장 효과적이었다는 것을 알 수 있습니다. 문재인 정권 시절 한국 정부가 처음으로 한 일 중 하나는 비무장지대(DMZ)에 있는 확성기 방송을 중단한 것입니다. 흥미로운 통계가 있습니다. 70%의 북한 지상군, 50%의 북한 공군 및 해군 전력이 DMZ 인근에 배치돼 있다는 것입니다.

개프니: 전진 배치돼 있다는 것이군요. 언제든지 한국을 공격할 수 있도록 말이죠.

숄티: 네, 맞습니다. 제가 말하고자 했던 것은 한국에서 운영하는 확성기가 북한 주민들에게 정보를 전달했다는 것입니다. 강력한 도구였습니다. 그렇기 때문에 북한은 이를 중단할 것을 요구했습니다.

개프니: 북한 군인들이 이 방송을 듣고 이들이 들은 이야기를 집에 가서 알려줄 수 있었기 때문이군요.

숄티: 네, 이런 방송을 듣고 집으로 가게 되는 것입니다. 북한의 경우는 입을 통해 정보가 전달되는 경향이 큽니다.

자유를 듣다

숄티: 저희의 라디오 프로그램은 매일 아침저녁으로 방송됩니다. 훌륭한 내용의 프로그램입니다. 방송 자금의 100%를 지원하는 자유를 사랑하는 미국인들과 탈북자들 사이의 독특한 파트너십으로 만들어지는 방송입니다.

개프니: 한국 정부나 다른 민간단체의 지원은 전혀 없습니까?

숄티: 네, 어떤 정부도 이에 개입돼 있지 않습니다. 전부 미국의 시민들과 교회들의 지원으로 만들어집니다. 북한 탈북자들이 프로그램을 만드는데 계속해서 가장 좋은 평가를 받아왔습니다. 탈북자들과 인터뷰를 하게 되면, "북한에 있을 때 어떤 방송을 들었느냐"고 묻습니다. 다른 어떤 방송보다 저희 방송을 더 많이 듣는다는 것을 확인할 수 있었습니다.

지난달 저희 방송은 한국에서 저희와 비슷한 일을 하는 미디어 관련 웹사이트 중 1위로 선정된 바 있습니다. 저희 방송보다 예산이 14배 많은 매체를 앞선 것입니다. 저희 방송 예산은 이들 주요 라디오 매체와 비교하면 매우 적은 수준입니다.

개프니: 미국 정부도 이를 하지 않습니까?

숄티: 네, 제 말은 저희가 이들 모두에 앞서고 있다는 것입니다. 저는 (미국의) 자유아시아방송, 미국의소리를 사랑합니다. (한국의) KBS와 SBS도 사랑합니다. 저는 모든 사람들이 북한에 방송을 했으면 좋겠습니다. 북한 주민들이 최대한 많은 정보를 얻기를 바랍니다. 그렇기는 하지만 자유를 사랑하는 미국인과 교회들이 지원하는 작은 규모의 자유북한방송이 다른 어떤 매체보다 앞서고 있다는 점을 강조하고 싶습니다. 이렇게 된 이유는 자유 속에 살고 있는 북한인들이 이들의 형제자매들에게 메시지를 전달하는 것보다 강력한 것은 없기 때문이라고 생각합니다. 그 어떤 것도 자유에 살고 있는 북한인들이 노예화된 북한 주민들에게 메시지를 전달하는 것보다

강력하지 않습니다.

개프니: 북한 주민들에게 이들이 무엇을 얻을 권리가 있는지, 그리고 이를 부정하는 정권을 끝낼 필요성에 대해 전달하고 있는데 이에 대한 이야기를 더 듣고 싶습니다.

또한 저는 당신과 같이 냉전 시대에 활동했던 투사인데요. 당시 소련권을 탈출한 사람들이 라디오리버티, 자유유럽방송 등 라디오 매체 활동에 참여하기도 했습니다. 나탄 샤란스키와 같은 사람들의 증언도 있었죠(注: 유대인인 그는 舊 소련 당시 인권 운동을 하다 스파이로 몰려 사형선고를 받은 후 소련 정치범수용소에서 9년간 수감됐다 풀려난 인물이다).

이런 방송들이 끼쳤던 영향력이 떠오릅니다. 사람들이 비밀리에 모여 자유의 목소리를 들었던 것인데요. 이런 방송이 소련의 붕괴로 이어지는 과정에서 큰 영향력을 끼치고 영감을 줬다고 생각합니다. 물론 이에는 미국과 로널드 레이건 대통령의 노력이 있었죠. 어찌 됐든 오늘날에도 같은 일이 일어나고 있으며, 이번에도 기회가 생길 수 있을 것이라는 말씀을 하시는 것 같습니다.

제가 논의하고 싶었던 것 중 하나는 충격적인 일이고 많은 미국인들이 깜짝 놀랄 일일 것입니다. 북아시아에서의 미국의 핵심 동맹국인 한국을 이끌었던 문재인 전 대통령이 집권 당시 문제가 됐다는 점인데요. 언급하신 정보 유입 노력에 장애물로 작용했다는 것뿐만 아니라 (이 단어 선택이 맞다면) 일부 탈북자들을 공정하지 않게 다뤘다는 것입니다. 북한으로 하여금 한국 정부가 자신들의 정권을 지원하고 영속시키도록 만들 수 있다고까지 생각하게 만들었습니다.

정권이 만든 비참함

숄티: 네, 저희가 할 수 있는 가장 중요한 일은 북한 정권하에 살고 있는 사람들에게 탈출구를 마련해주는 것입니다. 북한 엘리트의 경우는 매일 아침 일어나 딱 두 가지 중 하나를 선택해야만 합니다. 김정은에게 충성을 하거나 본인이 처형을 당하기 전에 가족들이 고문을 받고 살해되는 것을 지켜보겠느냐 중 하나입니다. 이것이 이들이 가진 선택권입니다.

저희는 이들에게, "아니다, 제3의 선택이 있다"고 말해줘야 합니다. 인간으로서 부여받은 인권과 자유에 대해 알려줘야 합니다. 그리고 이들이 이를 갖기를 바란다고 말이죠. 미국이 이들에게 원하는 것은 자유입니다. 하지만 불행하게도 한국의 전 대통령은 북한 주민들을 돕는 것보다 김씨 정권을 위해 봉사하는 데 더 많은 관심을 갖고 있었습니다.

개프니: 놀라운 일이군요.

숄티: 앞서 냉전 시대를 언급하셨는데 이에 대해 말씀드리고 싶은 것이 있습니다. 현재 자유북한방송에 두 명의 새로운 사람이 일을 시작하게 됐습니다. 한 명은 북한에 있을 때 본인이 직접 이 방송을 들었었다고 했습니다. 그는 이 방송을 들은 지 3일 만에 수십 년에

걸친 북한 정권의 프로파간다를 완전히 지워버리게 됐다고 했습니다. 그는 북한 정권은 모래성과 같다고 했습니다. 진실로 이를 씻겨버릴 수 있다고 했습니다. 한 젊은 여성도 방송 제작을 돕고 있는데요. 그는 아버지와 함께 몰래 자유북한방송을 들었었다고 했습니다. 이들은 라디오 방송의 효과를 굳게 믿는 사람들입니다.

어찌 됐든 전임 문재인 정권은 이런 정보가 유입되는 것을 막으려고 했습니다. 이는 북한이 이를 멈출 것을 요구했기 때문입니다. 정보의 힘이 너무 강력했기 때문이었습니다. 문재인 정권은 이런 요구를 받아들였습니다. 정말, 정말로 충격적입니다.

개프니: 이런 정보의 힘은 북한과 같은 전체주의적 경찰국가에서 어떻게 표출됩니까? 더 많은 사람들이 탈출을 하게 되는 것인지, 장마당을 중심으로 더욱 체계적인 변화가 이뤄지는 것인지 궁금합니다. 정보의 힘이 북한 정권에 있어 어떤 방식의 문제가 되고 있다고 생각하십니까?

숄티: 북한 주민들이 더 많은 정보를 얻고 있으며 이런 시장 경제를 통해 살아남고 있다고 생각합니다. 북한 주민들은 이들이 겪는 비참함이 정권 때문이라는 것을 깨닫고 있습니다. 저희는 이런 사실을 주민들에게 전달해야 합니다. "당신들의 비극은 당신들이 어려서부터 증오하도록 세뇌받아온 양키 제국주의자들 때문이 아니라 김정은과 독재 정권 때문이다"라고 말이죠. 이런 메시지를 전달해야 합니다.

개프니: 자유세계에서 살고 있는 탈북자들은 이를 명확하게 파악하고 있고 대안을 볼 수 있을 것이라고 생각합니다.

숄티: 저는 루마니아의 상황과 비슷해질 것이라고 굳게 믿습니다. 북한 주민들이 나아갈 수 있는 다른 길이 주어지고 대안이 주어진다면 이들이 직접 김정은을 체포하고 그를 교수형에 처하게 만들게 될 것이라는 생각입니다.

하지만 저희는 정보가 유입되는 것을 막았고 이로 인해 이들에게 대안을 제시하지 못했습니다. 문재인 정권은 확성기 방송을 중단했습니다. 중단한 것만이 아니라 이를 DMZ에서 해체시켰습니다. 김씨 정권의 요구에 따라서 말이죠.

개프니: 잠깐 주제를 돌리자면, 당신의 동료 중의 한 명인 그레그 스칼라튜와 (3장과 4장에서) 루마니아에 대한 흥미로운 대화를 나눈 바 있습니다.

이런 일들이 얼마나 빨리 일어날 수 있는지를 보여주는 사례라고 생각하는데요. 저희는 이런 일은 불가능하다는 이야기를 듣고는 합니다. 김씨 왕조는 언제나 북한을 통치할 것이고 북한 주민들은 항상 억압받을 운명에 처해있다는 것입니다. 그렇지 않습니다. 꼭 그래야만 할 이유도 없습니다. 그렇기 때문에 전임 문재인 정권은 자신들이 저지른 위법 행위에 대해 책임을 져야 한다고 생각합니다. 특히 이런 행위는 한국 국민들의 이익에 부합하지 않기도 했습니다.

한국을 약화시키다

개프니: 이에 대한 생각을 듣고 싶습니다. 한반도 문제를 자세히 연구하고 기록하고 계시는데요. 문재인이 북한 김정은 정권이 원하는 방식으로 통일을 할 준비를 했었다고 말할 수 있을까요? 만약 이런 일이 생겼다면 한국인들에게 어떤 의미로 작용했을까요?

숄티: 저는 문재인이 무엇을 하려고 했던 것인지 이해할 수 없습니다. 평화로운 공존 상태가 가능하다는 환상의 세계에 살고 있어 이를 추진하려 했던 것일 수 있습니다. 혹은 남한을 백두산 밑을 지배하는 김씨 독재 정권 손아귀에 들어가도록 하려 한 것일 수도 있습니다. 문재인이 북한 정권을 지지하고 대한민국은 지지하지 않았을 수 있다는 것입니다.

개프니: 이를 뒷받침하는 많은 증거가 있고 그렇다고 볼 수 있습니다. 문재인과 그의 핵심 참모 다수는 마르크스주의 성향과 궤를 같이했었습니다.

숄티: 무서운 일입니다. 이는 상상하기 어려운 일입니다. 저희에게 있어 한국은 놀랍고 훌륭하며 엄청난 번영과 발전을 이룬 곳이기 때문입니다. 그런데 어떻게 한국이 아닌 북한 정권을 선호하는 사고방식을 가질 수 있습니까? 그런데 그는 그런 사고방식을 갖고 있었던 것 같습니다.

개프니: 한국은 근본적으로 친서방적인 민주주의를 갖추고 있지만 바뀔지도 모르는 일입니다.

숄티: 네, 물론입니다. 한국의 친구들과 탈북자들은 이런 일이 생길 수 있다고 경고해왔습니다.

개프니: 이렇게 될 징후를 봤기 때문이겠죠.

숄티: 네, 이를 보고 있는 것입니다. '연방제'라는 개념이 있습니다. '연방제' 하에서 새로운 정권을 선출하겠다는 것인데요. 이는 북한이 한국을 완전히 장악한다는 것을 의미합니다. 정말 무서운 일입니다. 문재인을 주체사상 교도(敎徒)라고 생각한다는 말 이외에는 드릴 말씀이 없습니다. 주체사상은 북한의 종교입니다. 저는 문재인이 주체사상가인 것 같습니다.

개프니: 최소한 단순 동조자는 아닙니다.

숄티: 네, 그렇습니다. 그는 대통령 재직 당시 한국의 공화국을 보존하기 위해 그 어떤 것도 하지 않았습니다. 한국을 오히려 약화시켰습니다. 교회들을 폐쇄하고 언론의 자유를 무너뜨렸습니다. 그가 시민의 자유를 훼손하기 위해 한국에서 한 일들은 정말 무섭습니다. 이런 사실은 시민의 자유에 관심을 갖는 미국의 의회, 민주당과 공화당 모두의 우려 사안이 되기도 했습니다. 미국 의회는 이에 대한

청문회를 열었고 추가 청문회를 계획하기도 했습니다.

지옥의 불구덩이에서 나온 변종

개프니: 미국 의회 이야기를 해보도록 하겠습니다. 매우 우려스러운 일이 일어나고 있고 대다수의 미국인들이 도대체 어떤 일이 일어나고 있는지 전혀 알지 못하고 있는 것 같습니다. 북한 통일전선부가 영향력을 행사하는 공작을 하고 있다는 것인데요. 이들은 한국 정부의 묵인하에 한국을 전복시키려고 하는 것뿐만 아니라 미국의 한반도 정책을 뒤집으려고 하는 것 같습니다.

미국 의회에 발의된 법안이 하나 있습니다. '한반도평화법안'이라고 불리는 H.R.3446인데요. 이 법안을 발의한 사람을 잘 알고 계신 것으로 알고 있습니다. 캘리포니아주의 (민주당 소속) 브래드 셔먼 하원의원인데요. 이 법안은 또 하나의 한국전쟁을 촉발시킬 가능성이 있는 것으로 묘사되고 있습니다. 북한이 한국 정부의 묵인하에 한국을 점령할 수도 있다는 내용인데요. 이 법안에 대해 설명해주시고 해당 법안을 위와 같이 묘사하는 것이 과장인지에 대해서도 말씀해주시기를 바랍니다.

숄티: 법안의 위험성을 과장하는 표현이 아닙니다. 이 법안은 지옥의 불구덩이에서 나온 하나의 변종 같습니다. 왜냐하면 겉으로만 보면 아무런 문제가 없는 것 같기 때문입니다.

개프니: 왜 그런지 설명해주시죠.

숄티: 우선 '종전선언'이라는 표현은 아무런 문제가 없는 것처럼 보입니다. '1953년에 전쟁은 끝났는데 왜 종전선언은 이뤄지지 않았는가? 현재 휴전 상황인데 왜 계속 휴전 상태를 유지해야 하는가? 왜 종전선언을 하면 안 되는가?'라는 논리를 바탕으로 하기 때문입니다.

이는 북한 정권이 한국을 약화시키기 위해 만들어낸 것이며 숨겨진 의도가 없는 것처럼 보이는 논리입니다. 브래드 셔먼은 북한의 인권에 관심을 갖고 있는데 저희는 그에게 이 법안을 철회할 것을 촉구하고 있습니다.

개프니: 셔먼이 인권 문제에 얼마나 많은 관심을 갖고 있는지 직접 확인하신 것으로 알고 있습니다.

숄티: 네, 그는 제가 앞서 언급했던 활동을 이끌고 있는 사람들을 초청한 행사를 주최하기도 했습니다. 대북전단 살포 및 라디오 방송 등의 활동을 말하는 건데요. 그는 미국 의원들을 초청해 이런 문제를 논의하기도 했습니다.

개프니: 셔먼은 북한에 메시지를 보냈는데요.

숄티: 그는 북한 주민들을 지지하는 메시지를 전달했습니다. 저는 그가 북한 주민들을 매우 걱정하고 있는데 이런 이유에서 넘어가게

됐다고 봅니다. 그가 북한 주민들을 걱정하는 나머지 '어쩌면 이것이 북한 주민들을 도와줄지도 몰라'라는 생각을 갖게 된 것으로 판단합니다.

하지만 그렇지 않습니다. 이는 한국인들을 약화시킬 것입니다. '종전선언'의 잉크가 마르자마자 한국의 친북 세력과 활동가들이 미군 부대로 모여들게 될 것입니다. 이들은 "양키 고 홈, 고 홈 양키 제국주의자"라는 구호를 외치게 되겠죠.

개프니: 이런 일은 더 이상 일어날 필요가 없습니다.

숄티: 네, 맞습니다. 저는 군인 아들 둘을 둔 엄마입니다. 군인 자녀를 둔 미국 부모가, 이들에 반대하는 시위가 발생하는 지역에서 자녀가 근무하는 것을 원할까요? 몇 가지를 더 기억할 필요가 있습니다. 하나는 고고도미사일방어체계(사드)인데요. 사드에 반대하는 시위가 여전히 진행되고 있습니다. 그런데 사드가 뭡니까? 사드는 북한이 한국을 위협하는 것으로부터 방어만을 하는 체계입니다.

개프니: 혹은 중국으로부터 오는 위협도 포함되죠?

숄티: 사드의 유일한 목적은 한국을 방어하는 것입니다. 어떻게 나라를 방어하고 안전하게 유지하도록 하는 목적만 있는 것에 반대할 수 있습니까? 아직도 이런 시위를 하고 있습니다.

개프니: 문재인은 이를 중단하기도 했죠. 추가 배치는 없을 것이라고 했고요.

솔티: 종전협정이 체결되면 이런 일들이 벌어질 것입니다. 대규모 시위가 열리고 이는 미국에 엄청난 압박을 줄 것입니다. 한반도에서 철수하도록 말이죠. 이런 논의가 과거에도 있었다는 점을 알 필요가 있습니다. 지미 카터 때 철수를 논의했었습니다. 조지 부시 때도 철수를 논의했었는데, 당시 도널드 럼스펠드는 '원하지 않으면 그냥 철수하겠다'고 말하기도 했습니다. 이런 일들이 벌어질 수 있습니다. 미국이 철수하게 되면 한국은 그렇게 끝날 것입니다.

개프니: 바이든 행정부라면 더 말할 필요도 없겠군요.

솔티: 네, 그렇기 때문에 걱정이 됩니다. 정확히 이런 일들이 일어날 것입니다.

완전히 이기적인 정권

개프니: 또 하나의 문제는 전임 문재인 정권도 비슷한 태도를 갖고 있었다는 점입니다. '미국인들을 쫓아내자'는 아니었지만, '동맹에서 한 걸음 물러나자' 정도의 입장이었던 것 같습니다. 이를 어떻게 받아들여야 할까요? 당신은 북한 정부에 대한 많은 지식을 갖고 있습니다. 미국이 철수하고 한국의 방어 태세가 약화됐을 시 북한은 어

떤 행동에 나설 것 같습니까?

숄티: 글쎄요, 북한의 목표는 언제나 한반도를 김정은 정권하에서 통일시키는 것이었습니다. 한국을 점령하고 싶어 합니다. 북한은 이에 대한 입장을 계속해 밝혀왔습니다. 입장을 바꾼 적이 한 번도 없습니다. 이것이 항상 북한의 입장일 것이고 북한은 핵무기를 절대 포기하지 않을 것입니다. 그렇기 때문에 이는 하나의 조작입니다. 핵위협과 핵실험은 이들이 자국민에게 어떤 끔찍한 일을 하고 있는지에 대한 사람들의 관심을 돌리기 위한 것입니다.

개프니: 이를 지렛대로 사용, 서방세계로부터 더 많은 양보를 얻어내려는 것이겠죠. 중국이 중개자 역할을 하든, 아니면 북한이 직접 협상에 나서든 해서 말입니다.

숄티: 꼭 하나 명심해야 할 것이 있습니다. 김씨 정권은 북한 주민들의 이익을 위한 어떤 결정도 내리지 않을 것이라는 점입니다. 북한은 무엇이 김정은을 이롭게 하는가를 놓고 결정을 내립니다. 불행하게도 한국의 문재인 대통령이 이런 방식으로 행동했습니다. 모든 결정은 김씨 왕조를 이롭게 하는 방향으로 이뤄졌습니다.

개프니: 말할 필요도 없겠지만 이런 상황이 펼쳐진다면 한국인들이 가장 큰 영향을 받게 될 것입니다. 앞서 논의했듯 북한이 언제든 강행할 준비가 돼 있는 또 다른 끔찍한 전쟁이 촉발된다면 말이죠.

북한의 개혁

개프니: 미국의 정책이 어떤 방향으로 나아가야 하는지를 논의하며 이번 대담을 마치고자 합니다. 북한이 원하는 방식의 '평화선언' 혹은 '평화협정'의 길은 아닐 것 같은데요. 어떤 제안을 하시겠습니까?

숄티: H.R.3446은 폐기돼야 합니다. '평화선언'과 관련된 모든 생각을 멈춰야 합니다. 멈춰야 한다고요. 최근 만난 미국 국방부 대변인이 이런 이야기를 꺼냈습니다. 이런 생각에 열려 있다는 것이었습니다. 이는 중단돼야 합니다. 사람들이 들고일어나 미국 정부, 미국 의회를 각성시켜야 합니다. 이는 무해한 일이 아닙니다. 끔찍할 것입니다. 그렇기 때문에 저희는 이를 멈춰야 합니다.

저희는 북한 난민들을 구하는 것을 도와야 합니다. 이들은 도움을 받아야만 합니다. 이들은 북한에서 어떤 일이 일어나고 있는지에 대한 정보를 많이 제공할 수 있는 사람들입니다. 특히 최근 몇 년 사이에 탈출한 사람들일수록 말이죠.

개프니: 난민이란 탈북자, 즉, 북한을 탈출한 사람들을 뜻하는 것입니까?

숄티: 네, 현재 중국에 있는 사람들입니다. 또한 인권 문제를 다시는 회피해서는 안 됩니다. 북한 주민들에게 앞으로 나아갈 길을 보여주겠다고 하고서는 항상 핵문제에 집중하는 실수를 범하고 있습니다.

(북한 정권이 하는) 거짓말을 돕는 일입니다.

저는 이것이 아마 가장 나쁜 일이라고 생각합니다. 저희가 북한 주민들은 신경 쓰지 않는다는 거짓말을 돕는 것입니다. 저희가 걱정하는 것은 핵프로그램에 따른 피해밖에 없다는 거짓말이죠. 저희가 만약 핵프로그램에만 집중한다면 이는 사실을 조작하는 것이 됩니다. 저희는 그런데 또 이런 일을 할 준비를 하고 있습니다. 그렇기 때문에 인권 문제를 앞세워야 합니다. 지금 상황에서 저희는 "당신들의 독재자가 또 한 차례의 고난의 행군을 언급하고 있다"고 말할 수 있습니다.

개프니: 또 한 차례의 고난의 행군이요?

숄티: 고난의 행군은 북한 정권 때문에 처음 발생하게 된 것입니다. 수백만 명의 주민들이 숨졌고 수많은 사람이 탈출하며 정보를 갖고 나오게 된 것이었습니다. 현재 김정은은 또 한 차례의 고난의 행군 시기가 올 수 있다고 경고하고 있습니다.

이런 진실이 북한 주민들에게 전달되도록 해야 합니다.

"김정은의 아버지 김정일 치하에서 '고난의 행군'이라는 기근이 발생, 300만 명이 사망했다. 어느 누구도 죽을 필요가 없었다. 세계식량기구, 미국, 일본, 한국 등의 국가가 충분한 양의 인도주의 물자를 제공했다. 엄청난 양의 물자가 들어갔기 때문에 어느 누구도 죽을 필요가 없었다. 하지만 김정일은 이 물자를 자국민에 대한 무기로 사용했고 계속해 핵프로그램을 개발했다."

저희는 이런 메시지를 북한 주민들에게 당장 전달해야 합니다. 김정은은 이를 걱정하고 있습니다. 저희의 메시지는 이런 방향이 돼야 합니다.

"우리는 당신들을 도울 준비가 돼 있다. 인도주의 물자, 구호 물자 등을 보낼 준비가 돼 있는데 이런 물자가 이를 필요로 하는 사람들에게 전달되는지를 확인하고 싶다."

북한 주민들이 현재 절망적인 상황에 처해있다는 것을 알기 때문에 이런 메시지를 이들에게 보내야만 합니다.

개프니: 김정은과 같은 정권이 이런 일을 실질적으로 해낼 수 있을까요?

솔티: 우선 인도주의 물자 전달 지원을 담당하는 직원 및 세계식량기구의 트럭이 배급이 완료되는 것을 볼 때까지는 해당 마을을 떠나지 못하도록 할 필요가 있습니다. (흔한 성씨인) '이씨 가족'이 전달된 쌀을 먹는지, 이들의 자녀들이 음식을 먹을 수 있게 되는지를 확인해야 합니다. 짧게 언급하고 싶은 이야기가 있습니다. 지난 기근 때 인도주의 물자 배급을 담당하던 관계자가 있었습니다. 그는 고아원에 들어가 모든 아이들에게 쿠키를 나눠줬다고 했습니다. 그런데 아이들이 앉아서 손을 편 채 그냥 쿠키를 들고만 있었다는 것입니다.

왜냐하면 아이들은 이 직원들이 나가자마자 정부 관계자들이 찾아와서 쿠키를 가져갈 것을 알았기 때문입니다. 탈북자들과 인도주의 지원 프로그램에 참여했던 사람들로부터 이런 이야기를 항상 듣습니다. 그렇기 때문에 진실을 알려야 한다는 것입니다.

개프니: 굶주리고 있는 아이들의 머릿속에 어떤 생각이 스쳤을까요. “자, 여기 맛있는 것 있다”라고 건네주더니 다시 낚아채 가는 것인데요.

숄티: 완전한 조작입니다. 이런 이야기를 계속해서 듣게 됩니다. 그렇기 때문에 북한 주민들에게 이런 메시지를 전달해야 하는 것입니다.

“우리는 당신을 돕고 싶다. 당신을 신경 쓰고 있다. 하지만 인도주의 물자가 당신에게 직접 전달되는 것을 확인하고 싶다. 그런 상황이 되면 꼭 이를 직접 전달해주도록 하겠다”라고 말이죠.

이런 상황을 북한 주민들에게 알리는 것이 중요하다고 생각합니다. 또 한 가지, 저희는 핵협상 과정에서 북한 핵프로그램의 ‘완전하고 검증 가능하며, 되돌릴 수 없는 비핵화(CVID)’라는 표현을 사용합니다. 저는 북한 주민들의 ‘완전하고 검증 가능하며, 되돌릴 수 없는 자유(CVIF)’라는 표현을 쓰기 시작해야 한다고 생각합니다.

저희는 북한 주민들이 자유를 갖게 되기를 바랍니다. 그렇기 때문에 이런 이야기를 해야만 합니다. 특히 지금과 같을 때에는, 할 수 있는 모든 것들을 해야만 합니다. 탈북자들의 활동을 지원하고 이들이 풍선을 날리고 라디오 방송을 할 수 있도록 재정 지원을 하는 것입니다.

개프니: 당신이 탈북자들과 운영하는 라디오 방송을 도울 방법은 무엇이 있습니까?

숄티: 디펜스포럼 홈페이지를 방문하면 저희가 하고 있는 여러 활동이 소개돼 있습니다. 자유북한방송 홈페이지, 북한자유연합 홈페이지도 있습니다. 이를 통해 탈북자들의 활동을 지원하고 있습니다. 아버지가 고아로 자란 홀로코스트 생존자인 한 남성이 있습니다. 그는 고아들에 대한 열정이 있는 사람이었는데 저희는 그를 북한 고아들을 돕는 한국 선교사와 연결해주기도 했습니다.

복음 전파에 열정적인 여성의 사례도 있습니다. 이 여성은 쌀을 담은 생수통을 보내는 일을 현재 돕고 있습니다. 제가 운영하는 디펜스포럼은 정보 전달에 열정을 갖고 일하고 있습니다. 자유북한방송의 단파 송출 비용 100%를 지원하고 직원들을 돕고 있습니다. 저는 여러 사람들이 이런 활동을 하는 탈북자들을 돕게 되기를 바랍니다. 특히 한국의 상황이 바뀔 수 있는 또 한 차례의 선거가 다가오기 때문입니다.

개프니: 매우 중요한 선거죠.

숄티: 네, 저희는 지금 당장 이들을 도와야 합니다.

개프니: 이와 관련해서는 또 한 차례 이야기를 나눌 수 있을 것 같습니다. 언급한 사이트의 주소를 알려드리고자 합니다. 디펜스포럼의

홈페이지는 ⟨www.defenseforumfoundation.org⟩이며 자유북한방송의 홈페이지는 ⟨https://freenorthkorearadio.org⟩입니다. 디펜스포럼 홈페이지로 들어가면 링크를 통해 다른 홈페이지로 이동할 수 있습니다.

당신이 서울평화상을 받을 자격은 충분했다고 생각합니다. 노벨평화상 후보로 오르기도 했었는데요. 당신의 활동은 정말 중요합니다. 당신이 매우 자랑스럽고 앞으로 해야 할 일이 무엇인지, 무엇을 더 도울 수 있는지에 대해 또 한 번 이야기를 나누게 되기를 바랍니다. 감사합니다.

수잔 숄티 후기

한국에 정착한 탈북자들은 2022년 3월 초에 실시된 대통령 선거에 큰 관심을 갖고 활동했다. 이들에게는 말 그대로 생사가 걸린 문제였기 때문이었다. 우리는 이들이 윤석열 당선에 도움을 줬다고 믿는다. 이는 한국 대통령 선거 역사상 가장 근소한 차이의 승리였고 친공산주의 성향의 후보는 패배했다.

2022년 9월25일부터 10월 1일까지 서울에서 탈북자들이 개최하는 제19회 연례 북한자유주간의 주제는 다음과 같다.

⟨김정은 정권에 의해 비롯된, 북한 주민들의 노예적인 삶을 멈추게 하고,

정치범수용소의 불법 운영을 멈추게 하고,

이산가족들의 고통을 멈추게 하고,

김정은의 독재 통치를 끝장낼 수 있도록,

자유로운 모든 한국인: 우리가 나서서, 탈북자들의 길을 열어 주자!〉

대북전단 살포, 생수병 살포, 자유북한방송과 대표단의 인터뷰 등의 행사가 이뤄질 계획이다. 물론 서울에 있는 중국대사관에서 북한 난민들의 구출을 촉구하는 행사도 자유주간 기간에 진행된다.

프랭크 개프니의 요약

지금까지 독재자 김정은에 의해 잔혹하게 억압받는 북한 주민들의 고통을 덜어주기 위해 일생을 바친 끈질긴 자유 투사 수잔 숄티 박사의 이야기를 들을 수 있었다.

숄티 박사는 김씨 정권에 의해 학대받은 사람들을 도울 수 있는 가장 효과적인 방법 중 하나는 이들이 진실된 정보에 접근할 수 있도록 하는 것이라고 했다. 이런 방법 중 하나는 그가 운영하는 자유북한방송을 통해서다. 이 방송은 매일 두 차례 방송을 송출하며 탈북자들이 프로그램을 만들고 있다.

성공적으로 탈출한 동포들이 자유와 인권에 대한 진실을 전달하는 것을 북한 주민들은 비밀리에 열심히 듣고 있다. 이런 진실은 북한 정권이 완전히 금지하고 있는 것들이다. 숄티는 '친애하는 지도자'가 없다면 세상이 끝나는 것처럼 세뇌받은 주민들에게, 이들이 고통받는 이유는 서방세계 때문이 아니라 김정은 정권 때문이라는 사실을 이해하도록 하는 것이 매우 중요하다고 했다.

솔티를 비롯한 사람들은 북한 주민들에게 진실을 전달하는 일을 해왔다. 하지만 문재인 전 대통령은 최근 몇 년간 이와 같이 자유를 옹호하는 정보가 전달되는 것을 막기 위한 노력을 해왔다.

특히 전임 문재인 행정부는 DMZ를 통해 정보를 전달하는 지금까지의 관행을 중단했다. 라디오 방송뿐만 아니라 DMZ 인근의 확성기 등이 사용됐고, 정보를 담은 풍선이 하늘 위로 전달되기도 했다. 김정은의 사랑을 받으려 한 문재인 전 대통령은 확성기를 뜯어내고 대북전단을 살포하는 탈북자 및 활동가들을 괴롭히거나 체포하기도 했다.

불행하게도 이것이 문재인과 그의 친북 성향의 참모들이 김씨 정권과의 화합을 우선시하며 한 행동이다. 북한 주민의 안녕, 나아가 한국 주민의 안녕보다 이를 우선시한 것이다.

이를 우선시하는 노력에 추가로 영향력을 확산시키려는 남북한의 세력들은 H.R.3446(한반도평화법안)이 미국 의회에서 채택되도록 하려 했다. 이 법안은 한국전쟁을 공식적으로 끝내는 합의에 도출하기 위한 협상에 나설 것을 촉구하고 있다. 솔티 박사는 이 법안은, '지옥의 불구덩이에서 나온 변종'과 같은 법안이라고 했다. 겉으로 봐서는 전혀 문제가 없지만 안을 들여다보면 사악한 목적이 담겨있기 때문이다. 솔티는 법안 지지자 중 일부의 선의에도 불구하고 이런 법안이 통과되면 주한미군 철수를 촉구하는 압박으로 이어지게 될 것이라고 했다. 이런 활동의 일환으로 활동가들이 주한미군 부대 앞에서 강력한 시위를 펼치는 등 적대적인 분위기를 조성하게 될 것이라고 했다.

만약 이와 같은 선동이 외교적 노력과 합쳐져 주한미군 철수 및 한국과 미국 양국 간의 동맹을 끝내는 방향으로 향하게 된다면 김정은은 그의 통치하에 한반도를 통일할 기회를 얻게 될 것이다. 무력을 사용하든, 정권을 잡은 한국 좌파의 항복을 통해서든 말이다.

숄티 박사는 북한 체제를 지속 가능하게 하고 대담하게 만드는 것이 아니라 이를 약화시키는 것이 한반도의 평화를 보장하는 길이라는 올바른 지적을 내놨다. 앞으로 두 차례에 걸쳐 모르스 단 리버티대학교 법학대학원장과의 대담 내용을 소개한다. 그는 트럼프 행정부에서 국무부 국제형사사법대사로 활동했다.

각주

북한에 코로나19 확진자가 발생했다는 소식이 최근 공개됐다. 이들은 단순한 '발열' 증세를 보이고 있다고 한다. 2022년 5월15일 주말에 발표된 자료에 따르면 확진자는 82만 명, 이로 인한 사망자는 42명이다. 이에 따라 김정은은 전염병 확산을 막기 위해 전국적 봉쇄령을 내렸다.

북한 정권은 아스트라제네카 및 중국산 백신 지원을 거부해왔다. 북한의 취약한 보건체계는 검사 시설이 제한됐을 뿐 아니라 인구를 대상으로 한 백신 프로그램을 갖추지 못하고 있다. 방역에 대한 준비가 사실상 전무한 상황에서 이는 대규모 인명 손실을 비롯한 국가적 비극으로 이어질 가능성이 있다. 하지만 김정은은 2022년 8월5일, 북한에서 코로나19가 종식됐다고 밝혔다. 그는 대북전단 등을 보낸 한국에 바이러스 확산 책임이 있다고 주장했다.

미국에서는 2022년 5월13일 '2022 북한인권법 재승인 법안'이 상원에 발의됐다. 2022년 9월 종료될 예정이었던 북한인권법과, 북한 주민들의 인권 개선을 위한 권고안이 연장되도록 하는 내용을 담고 있다.

LIVING WITH
DICTATORS

By Morse Tan

정의(正義) 부정

7

모르스 단

모르스 현명 단 (전 국무부 국제형사사법 담당) 대사는 미국 역사상 처음으로 특정 현안을 담당하는 대사직(Ambassador-at-Large)을 맡은 인물이다(注: 특정 국가에 대한 대사를 맡은 아시아계 미국인은 있었지만 특정 사안에 대한 대사를 맡은 것은 처음이라는 뜻으로 보인다). 그는 북한의 법률과 관련된 논문을 가장 많이 쓴 사람 중 한 명이다. 루트리지 출판사는 그의 《북한, 국제법과 이중 위기(North Korea, International Law and the Dual Crises)》라는 책을 낸 바 있다. 그는 노스웨스턴대학교 프리츠커스쿨과 텍사스대학교 법대에서 객원교수로 활동했다. 시카고의 한 한인 관련 단체는 그를 올해의 한인으로 선정했고 시카고국제문제협의회는 그를 떠오르는 지도자로 선정하기도 했다. 그는 내셔널로저널, 미국의소리, 국무부 특별 강연 등 매체 및 강연을 통해 북한에 대한 견해를 밝혀왔다. 그는 현재 미국 버지니아에 있는 리버티대학교 법학대학원 원장이다. 그는 한국 서울에서 태어났으며 영어와 한국어, 스페인어를 능통하게 한다.

개요

북한 정권은 권리가 보장되지 않는 체제를 강요하는 범죄 집단이라는 점을 상기할 필요가 있다. 북한을 전체주의적 폭정으로 통치하고 수많은 범죄를 저질러온 김씨 3대(김일성 · 김정일 · 김정은)에 대한 잘못된 신격화가 진행되고 있다. 김씨 3대는 기독교인들을 조직적으로 박해하면서도 자신들에 대한 거짓된 숭배를 강요했다.

평양은 과거 아시아 전체의 기독교 중심지로서 동방의 예루살렘이라는 별명을 갖고 있었다. 현재 평양은 전세계 최악의 전체주의 독재가 진행되는 곳이다.

북한 주민들은 이들의 집이 불에 타도 집으로 들어가 김씨 3대의 사진을 가지고 나와야 한다는 법적 의무를 갖고 있다. 김씨 3대의 사진에 크레파스로 낙서했다는 이유로 아이의 가족 전체가 강제수용소로 보내지기도 했다. 한국의 노래를 불렀다는 이유로 비슷한 처벌을 받기도 한다.

북한 수용소로 보내진 대다수의 사람들은 살아서 나오지 못한다. 북한 당국자들은 강제수용소의 위성사진을 들이밀면, 이를 농촌이라고 거짓말했다. 이런 수용소는 산속에 숨겨져 있다.

북한의 수용소를 상상하는 사람들은 히틀러와 마오쩌둥, 스탈린이 운영했던 수용소를 기억할 필요가 있다. 수용소의 끔찍함이야 어느 곳이나 마찬가지이겠지만 북한의 경우는 한 걸음 더 나아간다. 공산주의 혁명에 반대하는 것으로 간주되는 사람들은 3대에 걸쳐 수용소에 수감된다. 공산주의 정권들은 주민들의 사유재산을 몰수하고 이를 파괴한다. 북한도 예외는 아니다.

지금부터 프랭크 개프니와 모르스 단의 대담 내용을 소개한다. 이는 2022년 4월 10일 미국과 영국을 비롯한 전세계에 실시간 라이브(www.NTD.com/LIVE)로 송출된 NTD 방송을 통해 소개된 바 있다. 해당 시리즈의 제목은 '살아 있는 현안(Issues Alive)'이었다.

모르스 단과의 대담

정보에 입각한 관점

프랭크 개프니(이하 개프니): 저는 프랭크 개프니입니다. 또 한 차례 북아시아를 다루는 프로그램을 방송하게 돼 기쁩니다. 북아시아에서 발생하는 도전과제, 특히 수십 년간 김씨 왕조에 의해 통치되고 있는 북한을 집중적으로 다루고 있는데요. 북한은 한국을 비롯한 이웃 국가뿐만 아니라 아시아 전체, 나아가 미국에까지도 위협을 끼치려 하고 있습니다. 북한 정권의 본질, 인권 문제, 남북한 주민들의 미래에 대한 전망에 대해 이야기를 나누고자 합니다.

오늘의 게스트는 모르스 단이라는 저명한 교수이자 전 고위 당국자입니다. 그는 한국에서 태어났는데 저는 그가 훌륭한 일을 해낸 외국 태생의 미국 애국자라고 생각합니다. 그는 트럼프 행정부 당시 국무부 국제형사사법대사를 지냈습니다.

오늘 함께해주셔서 감사합니다. 오랫동안 연구하시고 열정을 갖고 계신 사안에 대한 이야기를 들어볼 텐데요.

모르스 단(이하 단): 불러주셔서 감사합니다.

개프니: 네, 감사합니다. 우선 개인적인 배경에 대해 여쭙고 싶습니다. 정부에서, 그리고 민간에서 어떤 일을 하셨는지 궁금합니다. 왜 이런 일을 하시게 된 것인가요?

단: 저는 한국 서울에서 태어났고 저희 가족은 제가 두 살 때 미국으로 이주했습니다. 저는 대학생 때 처음으로 북한에서 어떤 끔찍한 일이 일어나고 있다는 사실에 대해 처음 접했습니다. 당시 심각한 기근이 펼쳐지고 있었는데요.

저는 북한에서 일어나고 있는 일에 마음이 아팠습니다. 당시 저는 제가 졸업하게 된 로스쿨에 지원하는 자기소개서를 썼는데 북한에서 일어나고 있는 상황에 대해 무엇인가를 하고 싶다고 썼습니다. 로스쿨 지원용 자기소개서에 쓴 내용을 실제로 이행한 특이한 사람 중 한 명이 저라고 생각합니다.

지구에서 가장 불공평한 곳

개프니: 좋은 일이네요. 북한에서 과거 어떤 일이 일어나고 있었다는 이야기를 하셨는데 열악한 상황이 계속 악화되고 있는 것으로 보입니다. 지금 하시려고 하는 말씀은 현재의 '위대한 지도자' 김정은에 의해 북한 주민들이 겪는 상황에 대한 것인가요?

단: 네, 맞습니다.

개프니: 현재 북한 주민들이 어떤 대우를 받고 있는지 말씀해주십시오.

단: 네, 북한은 지구상에서 가장 불공정한 곳입니다. 저는 전세계의 여러 상황을 보고 난 뒤 이런 이야기를 하는 것입니다.

개프니: 누가 최악이냐를 놓고서도 (이들 국가 간) 경쟁이 치열할 것 같은데요.

단: 안타깝지만 사실입니다.

개프니: 북한은 이들 국가들과는 완전히 다른 수준입니까?

단: 네, 그렇습니다. 저는 너무나도 말이 안 되는 북한을 묘사하기 위해 새로운 용어인 '무권리(無權利 · Rightlessness)'를 만들어야만 했습니다. 김씨 정권하에서 북한 주민들은 어떤 권리도 부여받지 못하고 있기 때문입니다.

북한이라는 나라는 하나의 감옥입니다. 하나의 범죄 집단입니다. 국가 전체가 노예화돼 있습니다.

마오쩌둥, 히틀러, 스탈린이 운영하던 수용소가 북한에도 있습니다. 그런데 북한의 수용소는 더 최악입니다. 3대에 걸쳐 수감되기 때문입니다. 김씨 전체주의 정권에 반하는 행위를 조부모 중 한 명이 했다는 이유로 (손주) 아기가 잔혹한 수용소에서 태어나는 일도 있는 것입니다.

개프니: 아마 평생을 수용소에 갇혀 있어야 할 수도 있겠죠.

단: 대다수의 사람들은 수용소에서 나오지 못합니다. 대부분 수용소에서 숨지게 됩니다.

개프니: 죽을 때까지 일을 하고, 또 많은 사람들이 굶어 죽는데요.

단: 저희는 지금 인구수가 2200만 명에서 2400만 명 정도인 작은 나라에 대한 이야기를 하고 있습니다. 그런데 1500만 명이 이들의 정부에 의해 살해됐습니다.

개프니: 말도 안 되는 경제 정책으로 인해 굶어 죽게 된 일반 대중들은 포함하지 않고서도 말이죠.

단: 많은 일들이 벌어지고 있습니다.

개프니: 제가 다음으로 이야기하고 싶은 주제가 나왔습니다. 정치범은 물론 이들의 가족들이 정치범과 같은 대우를 받는다는 것인데, 수용소 밖에 있는 일반 사람들도 끔찍한 대우를 받고 있다는 것이죠? 이들의 권리를 박탈하고 있다는 이야기를 하신 것 같은데요.

하지만 이런 일이 어떻게 실제로 일어나고 있는 것입니까? 일반 북한 주민들의 상황은 어떻습니까?

단: 북한 사회의 구조는 김씨 일가에 대한 충성과 맹세로 만들어져 있고 모든 것이 이로부터 나옵니다. 정치적인 카스트 제도라고 볼 수 있습니다. 무엇을 먹는지, 어떤 교육을 받는지, 어떤 일자리를 얻는지 등 모든 것들이 김씨 일가에 대한 충성도를 통해 정해집니다.

개프니: 후진적인 국가 체제하에서 이를 어떻게 판단하고 평가합니까?

단: 네, 국가 차원에서 주민들을 감시하기도 하고 사람들을 관찰하는 감시자들이 있습니다. 북한 주민들은 모두 서로를 폭로하는 것에 따른 대가를 받는 감시자가 됩니다. 동료 시민, 심지어 가족 구성원들끼리도 서로를 고발하는 것입니다.

정부가 통제하는 언론 매체가 됐든 교육 프로그램이 됐든 이런 선전 활동이 지속적으로 이어지고 있습니다. 교육과 관련된 하나의 예를 들어보겠습니다. 북한 아이들은 수학 시간에 이런 오싹한 내용으로 공부를 합니다. "미군 20명이 있는데 수류탄 하나를 던져 14명을 죽였다. 그렇다면 몇 명이 남아있는가"라는 식의 문제입니다.

이런 수학 문제를 가르치고 있습니다. 이와 비교하면 조지 오웰이 《1984》에서 묘사한 악몽은 우스운 수준처럼 보입니다.

개프니: 정권에 대한 충성심을 바탕으로 주민들이 상을 받거나 처벌을 받는 카스트 제도가 있다는 것인데요. 그렇다면 충성심이 높은 사람들은 얼마나 좋은 삶을 사는지, 충성심이 없는 사람들은 얼마나 끔찍한 삶을 사는 것인지 궁금합니다. 충성심이 없다는 뜻은 매국적인 수준의 사람들을 의미하는 것이 아니라 그다지 충성심이 크지 않은 사람들을 의미하는 것인데요. 매국적 수준의 사람들은 아마 수용소로 보내졌겠죠. 일반 주민들의 경우는 어떤지 궁금합니다.

단: 매우 어렵습니다. 북한에 있는 평범한 농부라고 할지라도 정부의 배급만 가지고는 제대로 된 생활을 할 수 없습니다. 모든 것을 빼앗아 가는 정부를 위해 일을 해야 합니다. 그런데 이는 공산주의 정권들의 속성입니다. 공산주의 부르주아가 공산주의 프롤레타리아를 짓밟고 국가의 모든 부를 갈취하는 것입니다.

북한은 한국보다 더 많은 천연자원을 갖고 있습니다. 하지만 북한 주민들은 살아남기 위해 고군분투하고 있고 음식이 될 만한 것이라면 무엇이라도 찾기 위해 노력하고 있습니다. 장마당과 관련된 대다수의 활동은 불법입니다. 하지만 북한 정권은 장마당이 주민들의 생존에 필요하다는 것을 확인하고 나서부터는 이를 금지시키는 데 어려움을 겪고 있습니다.

개프니: 생존을 가능하게 하기 위해서군요.

단: 네, 맞습니다. 이것이 북한의 경제 실태입니다.

개프니: 믿을 수 없습니다. 빈곤이 심각한 상황이군요. 이런 상황을 더욱 악화시킬 수 있는 과도한 처벌의 위협도 있고요.

단: 네, 그렇습니다.

개프니: 가족이 언제든 다른 가족 구성원을 고발할 수 있다고 하셨는데, 여러 심리적 억압이 북한에서 작동하고 있는 것 같습니다.

단: 네, 물론입니다.

개프니: 북한의 카스트 제도하에서 공산주의 부르주아와 부르주아가 아닌 사람들 사이에는 큰 차이가 있는 것 같습니다. 그렇다면 북한 군인들의 상황은 어떻습니까? 일종의 특권을 갖고 있는지, 언급한 식량 부족과 같은 어려움은 면할 수 있는지 궁금합니다. 북한 군인들의 삶은 조금 낫습니까?

단: 군대와 정부의 엘리트들은 소위 기름진 땅에서 살 수 있는 사람들입니다. 위대한 지도자 김정은부터 그런데요. 김정은은 5000달러 상당의 제비집 수프를 사들이고 그의 아버지는 바닷가재를 장갑열차로 공수했습니다. 북한 주민들과 달리 이들은 이런 삶을 살고 있는 것입니다. 김정은의 아버지(김정일)는 당 최고 간부들에게 최고

급 메르세데스 벤츠 차량을 선물했습니다. 김정은은 약 30억에서 50억 달러의 재산을 갖고 있는 것으로 추정됩니다. 개인 재산으로 말이죠.

개프니: 개인 재산으로 말이군요.

단: 네, 스위스 은행 계좌 등에 보관돼 있습니다.

개프니: 저는 군대 내부에서도 굶주림 현상이 나타나고 있다고 들은 적이 있습니다.

단: 네, 그렇습니다.

개프니: 군인들이 성장하는 것에 어려움을 겪고 있습니다(注: 체형을 의미하는 것으로 보임). 그런데 이 정권은 군대에 의존하고 있는 곳 아닌가요? (정권을) 이어가기 위해서는 당도 당이지만 군대도 우선순위에 들 텐데요. 군인과 같은 상대적 특권 계급도 고통을 받고 있는 것 같습니다.

단: 네, 그렇습니다.

개프니: 한 북한 군인이 한국으로 탈출하기 위해 돌진한 사례가 있습니다. 구조된 그의 모습을 보니 매우 수척했었는데요.

단: 네 그는 거의 끌려서 넘어왔습니다. 다른 북한 군인의 총에 맞았었고 매우 수척했습니다. 또 몸 안에 기생충들이 가득했습니다. 이게 일반 주민보다는 더 특권 계층인 북한 군인의 모습입니다.

대량학살과 순교

개프니: 국무부 국제형사사법대사로 재직할 당시 언급한 것으로 알고 있는 사안에 대한 질문을 드리겠습니다. 북한 정부가 자국민에 대한 어떤 일을 하고 있는지 논의해보고 싶습니다. 주민들은 정부의 방침에 대해 발언권을 갖고 있지 않고 복종할 수밖에 없습니다. 북한의 상황이 대량학살 수준에 달했다고 보십니까? 만약 그렇다면, 왜 이런 표현으로 묘사되고 있지 않은 것일까요?

단: 안타깝게도 그런 상황입니다. 기독교인들이 특히 조직적으로 살해당하고 있습니다.

북한 정권 출범 때부터 많은 사람들이 숨졌고 이는 매우 조직적이었습니다. 실제로 매년 진행되는 연구에 따르면 세계에서 기독교인들이 가장 많은 박해를 받는 곳은 북한입니다.

개프니: 매우 중요한 이야기입니다. 누가 더 최악이냐를 놓고서도 국가들 사이의 일종의 경쟁이 있을 텐데요.

단: 네, 맞습니다.

개프니: 대담을 시작할 때 흥미로운 이야기를 하나 하셨습니다. 동방의 예루살렘이라는 이야기인데요. 저는 한국 사람들과 기독교와의 관계를 전혀 몰랐습니다. 어떻게 북한의 평양이 동방의 예루살렘이 된 것이었습니까?

단: 평양은 전체 아시아에서 기독교의 중심지로 여겨졌습니다. 1907년에 엄청난 기독교 부흥이 일어났습니다. 기독교는 1800년대에 한국에 처음 들어갔습니다.

개프니: 서양 선교사들에 의해서인가요?

단: 네, 맞습니다. 처음에는 프랑스 가톨릭이 들어갔고 이후에는 미국인 개신교 선교사들이 들어가 이를 전파했습니다. 대규모로 전파됐고 이에 따라 평양이 아시아 기독교의 중심으로 거듭났습니다. 한반도만이 아니라 전체 아시아에서 말이죠.

개프니: 북한의 수도인 평양이 한때는 기독교의 중심지였다는 것이군요. 그런 평양이 공산주의 정권하에서 어떻게 바뀌게 된 것입니까?

단: 전세계에서 가장 전체주의적이고 부당한 독재정권, 그리고 범죄집단의 본거지가 됐습니다.

개프니: 김씨 정권 이외의 신(神)이 있다고 믿는 사람들에 대한 반감 때문에 그렇게 된 것인가요? 저는 이런 반감이 정권이 갖고 있는 믿음에서 비롯됐다고 생각합니다. 김정은이나 그의 아버지, 그의 할아버지 이외에 또 다른 신이 있다고 한다면 이는 정권을 뒤집을 수 있는 위협이 될 수 있기 때문인데요. 이외에 또 어떤 학대가 벌어지고 있습니까? 대규모 처형이 진행되고 있습니까? 수용소에서 야만적인 학대를 합니까? 왜 북한의 기독교인들이 전세계에서 최악의 박해를 받게 된 것입니까?

단: 북한의 초대 최고지도자인 김일성 때부터 기독교 지도자와 목사, 장로, 집사 등에 대한 조직적인 박해가 이뤄졌습니다. 평신도의 경우는 기독교 신앙을 버릴 수 있는 기회가 주어졌지만 많은 사람들이 이를 버리지 않았습니다. 그렇게 조직적인 순교가 진행된 것입니다.

북한의 강제수용소에서 탈출한 사람 중 기독교 신자가 아니었던 사람들은, 기독교인들이 수용소에서 가장 열악한 대우를 받고 있다고 말합니다. 기독교가 특히 표적이 되고 있다는 것입니다. 불교나 다른 어떤 종교도 아니고 기독교가 말이죠. 기독교인들이 갖고 있는 신앙에 대한 우려를 갖고 있다는 것인데요. 수용소에서 탈출한 비기독교인은 "이들(북한)은 실제로 신이 존재할 가능성을 두려워하고 있고 북한에서 신격화된 김씨 일가의 라이벌이 되는 것을 두려워한다"고 말한 바 있습니다.

개프니: 저는 신이 분명히 존재한다고 믿는데요. 만약 신이 진정 존재한다면 이들(북한 정권)이 어떤 운명에 처하게 될지에 대해서는 말할 필요도 없습니다.

아침 식사 시험

개프니: 이런 상황인데 왜 미국 정부나 세계 다른 국가들은 북한이 대량학살을 자행하고 있다는 사실을 확인하지 못했습니까? 이런 행위를 하지 말아야 할 엄격한 의무가 있는데요. 어떤 범죄가 진행되고 있는지를 밝히는 것만이 중요한 것이 아니라 가해자들을 처벌해야 한다고 생각하십니까?

단: 여러 가지 이유가 있다고 생각합니다. 우선 이런 일이 벌어지고 있다는 것을 직시하는 것은 어렵습니다. 한 언론인이 제게 말했듯, 이런 문제는 '아침 식사 시험'에 통과하지 못합니다. 이는 사람들이 아침시간에 빵 토스트, 시리얼, 오렌지주스를 즐기며 읽고 싶은 이야기가 아니라는 것입니다.

개프니: 이를 외면하는 것이 더 쉽죠.

단: 네, 그렇습니다. 이를 직시하는 것은 고통스럽고 끔찍합니다. 이런 일이 일어나고 있다는 것을 상상하는 것만으로도 충격적입니다. 저는 이런 이유 때문에 그렇다고 생각합니다.

개프니: 이에 대해 무언가를 해야 할 의무가 있음에도 불구하고 말이죠.

단: 이런 심리적인 혐오감이 존재합니다. 저는 두 번째로는 기독교인들에 대한 박해 및 대량학살과 관련해 사각지대가 존재한다고 봅니다. 이런 기독교인들을 순교자로 특정하는 것을 꺼리는 문화가 외교적으로 존재한다고 생각합니다. 기독교인들이 세계에서 가장 박해받는 집단임에도 불구하고 말입니다.

개프니: 어떤 이는 3억4000만 명의 기독교인이 전세계에서 박해를 받고 있다고 추정합니다. 낮은 수준의 탄압은 포함하지 않고 말이죠.

단: 네, 맞습니다.

개프니: 충격적입니다. 저는 이런 문제에 대한 인식을 높이고 이를 멈추게 하기 위해 노력해왔습니다. 저는 당신이 옳다고 생각합니다. 사람들은 오랫동안 이를 의도적으로 못 본 체했습니다. 물론 이는 북한 정권이 내부적으로 어떤 일이 일어나고 있는지에 대한 정보를 통제하기 때문이기도 합니다. 탈북자들은 북한 내부로 정보를 유입시키려고 노력하는데, 이런 문제가 있다는 정보를 가지고 나오기도 했습니다.

세 개의 위험한 우선순위

개프니: 또 하나 다루고자 하는 주제로 넘어가겠습니다. 북한 정권이 갖고 있는 세 가지 우선순위를 특정하셨는데요, 저는 이 모든 사안들이 매우 우려스럽습니다. 우선순위에 대해 말씀해주시고 이것들이 오늘날까지 어떻게 구현돼 왔는지 알려주시기를 바랍니다.

단: 북한은 처음부터 세 가지 중요한 목표를 갖고 있었습니다. 첫째는 한국 내부에서 북한에 대한 긍정적인 여론을 조성하도록 하는 것입니다. 둘째는 미국이 한국을 방어하는 데 있어 전념하지 않도록 하는 것입니다. 셋째는 (한국을) 무력으로 점령하는 것입니다.

이는 최고위급 탈북자를 통해 확인된 내용인데, 저는 북한이 이런 목표를 근본적으로 바꿨다는 어떤 증거도 본 적이 없습니다. 저는 북한이 계속해서 이런 목표를 추진하고 있는 데에는 여러 이유가 있다고 생각합니다.

개프니: 특히 북한은 비무장지대 인근 지역에 대규모의 군대를 배치해놨습니다. 이 지역을 '전세계에서 가장 군사화된 지역'이라고 말씀하셨던 것으로 알고 있습니다. 이는 무력을 통한 한국 점령이라는 세 번째 목표가 여전히 유효하다는 점을 보여줍니다.

교수로서, 또한 대사로서 집중적으로 해오신 일에 대한 질문을 드릴까 합니다. '제노사이드 협약'뿐만 아니라 인도주의 관련 법을 고려했을 때 북한이 이를 어떻게 무시하고 있다고 보십니까? (注: 제노사이드 협약은 1948년 150개국 이상이 서명한 유엔협약으로 국가나 민족, 인종, 종교 집단을 전부 또는 부분적으로 파괴할 의도를 가진 제노사이드 행위를 범죄로 인정한다.) 또한, "수십 년간 지속된 정전협정을 대체하는 종전선언만 이뤄지면 되고, 적절한 시기에 일종의 평화조약을 맺으면 된다"는 주장에 대해서는 어떻게 생각하십니까? 인도주의법 측면에서 이런 주장을 어떻게 보시는지요.

단: 저는 이에 대해 조사를 하고 글을 썼는데요. 아이러니한 것은 이런 방식을 추구하면 북한과의 전쟁 위험이 더 커진다는 결론이 나온다는 점입니다. 앞서 언급한 북한의 두 번째 목표는 미국으로 하여금 한국 방위에 전념하지 않도록 하는 것입니다. 북한이 이를 달성하기 위해 오랫동안 추진한 것은 미국과 평화협정을 체결하는 것이었습니다. 새로운 한국전쟁을 억지하는 가장 큰 요소는 한국을 방어하겠다는 미국의 의지입니다.

개프니: 네, 물론입니다.

단: 또한 북한은 여러 차례 반복적으로 정전협정을 위반했습니다. 이는 법적으로 봤을 때 전쟁 상태로 돌아간다는 것을 의미합니다. 북한은 전쟁 상태가 되면 두려워해야 할 것이 많습니다. 만약 전쟁 상태가 된다면 그동안 북한이 한반도에서 자행해왔고 계속 자행하고 있는 행위에 대한 전쟁범죄의 법적 책임을 져야 하기 때문입니다. 이런 여러 이유에서 북한은 평화협정을 원하고 있습니다.

특히 (한국을 방어하겠다는) 미국의 약속을 없애도록 하는 협정을 말이죠.

한국의 전임 행정부가 한반도의 주한미군과 유엔군사령부를 없애는 것을 원했다는 이야기가 있었습니다. 이는 한반도를 무력으로 점령하라는 초청장을 북한에 보내는 일입니다. 북한은 세계에서 네 번째로 큰 군대를 갖고 있고 이럴 역량이 충분히 있습니다.

북한이 모든 종류의 대량살상무기, 나아가 생화학무기를 보유하는 등 군사력을 갖추고 있는 이유는 보여주기용이 아닙니다. 핵무기는 말할 것도 없고 엄청난 재래식 무기를 보유하고 있습니다.

개프니: 이런 군사력의 상당수는 전진 배치돼 있고 짧은 시간 안에 공격을 가할 준비를 갖추고 있을 것입니다. 저는 언급하신 두 가지가 매우 중요한 내용이라고 생각하는데 이런 일을 연구해주신 것에 감사드립니다. 하나는 정전협정이 북한에 의해 여러 차례 위반됐다고 하신 부분인데요.

또한 인도주의 법 관점에서 봤을 때 지금도 실제로는 그런 상태이지만, 만약 전쟁 상태로 가게 된다면 전쟁범죄와 반인도주의 범죄에 해당될 수 있다는 점입니다.

다음 장에서도 대화를 이어가도록 하겠습니다. 다음번에는 '한반도평화법안'으로 알려진 H.R.3446에 대한 문제를 논의하고자 합니다. 또한 북한 주민들의 고통을 해결하기 위해 저희가 무엇을 할 수 있는지에 대해서도 알아보도록 하겠습니다.

다음 장에서 모르스 단 대사와 다시 함께하겠습니다. 많은 사람들이 저희와는 멀리 떨어진 세상이라고 할 수 있는 북한 주민들의 고통을 위해 헌신하는 당신께 감사를 전합니다. 북한처럼 자국민을 끔찍하게 대하는 국가는 저희와 같은 사람들도 제대로 대하지 않을 것이라는 점을 강조하고 싶습니다. 훌륭한 일에 관심을 가져주셔서 감사합니다.

모르스 단 후기

트럼프 행정부 시절의 효과적인 억지력으로 북한은 미사일 실험을 중단됐고, 미국은 억류된 미국인들을 돌려받았으며, 한국전쟁 참전 미군 유해를 돌려받았다. 반면 현 행정부에서는 미사일 실험이 급증했다. 중국의 암묵적 동의에 따른 러시아의 (우크라이나) 침략은 김정은을 더욱 대담하게 만들 것이다. 바로 직전 행정부의 '힘을 통한 평화'와 억지가 효과적이었기 때문에 이런 공격이 일어나는 것을 막을 수 있었다. 나약함은 침략을 부른다. 한반도의 위험은 현실이다.

프랭크 개프니의 요약

모르스 단 대사의 이야기를 들은 독자들은 나와 마찬가지로, 그가 지금도 미국 정부를 위해 일했으면 좋겠다는 생각을 했을 것이다. 그는 진정한 외국 태생의 미국 애국자이다.

단 대사는 오랫동안 전세계 역사상 발생한 여러 인권 유린 사례들을 연구했음에도 불구하고 북한 정권에 의해 자행되는 범죄와 이의 규모를 설명하기 위해서는 새로운 용어가 필요했다고 했다. 그가 만든 용어는 '무권리'인데 이는 김정은 정권이 주민들로 하여금 어떤 권리나 자유를 누리지 못하도록 하기 때문이다.

음식부터 교육까지 모든 것들은 정권에 대한 충성도에 의해 결정된다. 주민들은 정권에 충성하지 않는다고 비칠 수 있는 행동을 하는 사람들을 정부에 고발하며 보상을 받는다. 충성하지 않는 것으로 비치는 사람들은 강제노동소로 보내지고 여러 세대에 걸친 가족들이 함께 수감된다. 그리고 이들 중 상당수는 말 그대로 죽을 때까지 일을 하게 된다.

단 대사는 수용소에 갇히지 않은 주민들도 여전히 정권의 노예로 생활하고 있다고 했다. 모두 정부를 위해 일을 하고 정부의 배급만으로는 생존이 불가능하다. 물론 당과 군대의 엘리트, 그리고 최고지도자 본인을 제외하고서는 말이다.

단 대사는 최고지도자 본인이 자신과 아버지, 할아버지를 신이라고 믿기 때문에 신과 같은 대접을 받도록 하고 있다고 했다. 기독교에 대한 신앙심은 북한 정권을 편집증적으로 만들었고 북한 정권은 전세계 어느 곳과는 비교가 되지 않을 정도로 신앙인들을 박해하고 있다.

서방세계의 많은 이들은 북한 정권의 끔찍한 일들에 대해 관심을 갖지 않으려고 한다. 단 대사는 김씨 왕조의 여러 반인도주의 범죄가 '아침 식사 시험'에 통과하지 못한다고 했다. 사람들은 이런 이야기를 아침을 먹으며 읽기 불편해한다는 것이다.

단 대사는 그가 고위 탈북자로부터 들은 북한 정권의 세 가지 우선순위를 소개했다. 첫째는 한국인들 사이에서 북한 정권에 대한 우호적인 여론을 형성하도록 하는 것이다. 둘째는 미국과 한국의 동맹을 약화시키는 것이고 세 번째는 한반도를 무력으로 점령하는 것이다.

동맹을 약화시키는 하나의 방법은 한국전쟁을 공식적으로 종식시키는 합의를 체결하는 것이다. 하지만 단 대사는 북한이 이런 합의를 원하는 또 다른 이유가 있다고 했다. 지난 69년간 북한은 정전협정을 반복적으로 위반했고 종전협정을 통해 이런 전쟁범죄 행위에 대한 면죄부를 받을 수 있다는 것이다.

단 대사는 미국이 한반도에서 철수하면 북한이 한반도를 무력으로 점령할 것이라고 했다. 네 번째로 큰 규모의 군대를 보유했으며 핵무기 및 엄청난 재래식 무기로 무장한 북한이라면 성공할 가능성이 높다고 했다. 그는 이런 협정을 체결하는 일, 또한 주한미군을 철수시키려고 한 (문재인) 전임 정권의 행동은 북한과의 전쟁 가능성을 키우는 일이라고 했다.

다음 장에서도 단 대사와 중요한 대담을 이어간다. 종전협정을 추진하는 미국의 법안의 문제점, 그리고 북한 주민의 고통을 덜어주기 위해 미국이 무엇을 할 수 있는지에 대한 이야기를 나눌 계획이다.

LIVING WITH DICTATORS

By Morse Tan

북한: 평화의 기회

8

개요

한반도의 항구적인 평화의 가능성은 충분히 논의할 가치가 있는 중요한 주제이다. 지금까지 북한은 여러 차례 정전협정을 위반했다. 북한은 자신들이 체결한 거의 모든 합의를 사실상 위반하기도 했다. 북한은 한반도를 무력으로 통일하겠다는 목표를 바꿨다는 어떤 신호도 보여준 적이 없다. 북한은 주기적으로 위기를 촉발하는 패턴을 보이고 있다. 이익을 얻고자 하는 상대방을 테이블로 끌어낸 후 이런 이익을 얻어낸 뒤 합의를 파기하는 방식이다. 이를 계속 반복하고 있는 것이다. 이런 방식은 북한 역사 전반에서 잘 나타난다. 북한은 선의를 갖고 합의를 체결하는 것이 아니라 전술적 이익을 위해 협정을 체결한다.

또한 북한의 전체주의 독재정권은 전쟁범죄를 저질렀고 이에 따라 거짓 평화선언을 원하고 있다. 북한은 완전한 한국계 주민이 아닌 사람들은 물론, 기독교인들을 대상으로 한 대량학살을 저질렀다. 여러 종류의 반인도주의 범죄가 자행되고 있다.

북한 지도부는 이들이 저지른 여러 범죄에 대한 정의가 구현되는 것을 두려워하고 있다. 이런 측면에서 접근하는 것이 북한 정권에 대한 외교적 주도권을 강화할 수 있을 것이다. 또한 한국계 미국인들과 북한에 거주하는 이들 가족 간의 상봉 역시 긍정적인 목표라

할 수 있을 것이다. 현재 미국 상원에는 '한국전 이산가족 상봉법안(S.2688)'이 발의돼 있다. 하지만 전면적인 전쟁의 위협을 증가시킬 위험을 무릅쓰고 이를 추진하는 것은 현명하지 못하다. 이번 장에서는 이런 사안들이 어떤 문제를 일으킬 수 있을지에 대해 파헤친다.

지금부터 프랭크 개프니와 모르스 단의 대담 내용을 소개한다. 이는 2022년 4월 17일 미국과 영국을 비롯한 전세계에 실시간 라이브(www.NTD.com/LIVE)로 송출된 NTD 방송을 통해 소개된 바 있다. 해당 시리즈의 제목은 '살아 있는 현안(Issues Alive)'이었다.

모르스 단과의 대담

반인도주의 및 대량학살 범죄

프랭크 개프니(이하 개프니)**:** 저는 프랭크 개프니입니다. 지난 장에서 소개한 모르스 단 대사와 또 한 차례 대화를 이어가게 돼 영광입니다. 단 대사는 저명한 학자이며 북한 및 국제 인도주의법에 대한 여러 논문과 중요한 책을 쓴 분입니다. 이런 주제로 대화를 이어갈 텐데요. 또한 단 대사는 트럼프 행정부 당시 국무부 국제형사사법대사를 지냈습니다. 그는 대사 재직 당시 그가 평생을 싸워온 일들에 대한 문제를 제기하기 위해 노력했습니다.

이는 북한의 위험천만한 정권에 대한 것입니다. 이 정권이 자국민들에게 어떤 일을 하고 있고 북한이 한국 주민을 포함한 국제사회에 어떤 위협이 되는지를 다뤘습니다. 단 대사님, 지난 장에 이어 이번에도 또 한 차례 대담을 나누게 돼 기쁩니다. 앞서 북한 정권에 의한 대량학살의 문제점을 지적해주셨는데요.

대량학살에 대해 연구해오셨고 특히 중국공산당이 중국 서부에 거주하는 위구르족과 다른 소수민족에 대해 어떤 일을 하고 있는지에 초점을 맞춰오셨습니다. 이와 관련된 조사 내용을 소개해주시고 이와 비슷하기는 하지만, 북한에서는 더 큰 규모의 탄압이 이뤄지고 있다는 내용도 알려주시기를 바랍니다.

모르스 단(이하 단): 지난 25년 사이 인류에 대한 대량학살과 전쟁범죄를 저질렀다는 것이 공식적으로 확인된 것은 몇 차례가 있습니다. 이는 중국공산당과 관련된 범죄들이었는데요. 마이크 폼페이오 (전) 국무장관은 2022년 1월19일 이를 공식적으로 선언했습니다. 제가 근무하던 국제형사사법 담당 부서에서 취합한 여러 증거와 문서로 이를 뒷받침하기도 했죠.

증거는 충분했고 공개된 정보들로도 이를 뒷받침하기 충분했습니다. 하지만 이는 북한 사례와는 견주지도 못하는 수준입니다.

북한은 전쟁범죄, 반인도주의 범죄, 대량학살 범죄를 저질렀습니다. 대량학살은 완전한 한국계 주민이 아닌 사람들을 대상으로 진행됐는데 이는 대량학살이 규정하는 범죄 조항에 부합합니다.

개프니: 지난 장에서 논의했듯 (북한에서는) 기독교인들이 최악의 탄압을 받고 있습니다. 대부분의 북한 주민들도 마찬가지죠. 탄압은 국가의 적으로 규정된 사람들뿐만 아니라 일반 대중 전반을 대상으로 광범위하게 진행되고 있습니다. 이를 책 《북한, 국제법과 이중위기(North Korea, International Law and the Dual Crises)》에서 다루셨는데요.

‘면죄부’

개프니: 한국전쟁 이후 국제법과 정전협정 측면에서 어떤 위반 행위가 발생했는지 설명해주시기를 바랍니다. 또한 전쟁범죄는 물론이고 반인도주의 범죄에 대해서도 언급하셨는데요. 이는 매우 중대한 혐의인데 이에 대한 이야기도 이어가도록 하겠습니다.

단: 네, 우선 1950년대 초 한국전쟁 당시 발생한 전쟁범죄만을 이야기하는 것이 아닙니다. 하나의 예를 들자면 북한은 미국의 푸에블로호를 나포한 적이 있습니다. 북한은 미국 해군들을 고문하고 선전 목적을 위해 이들을 악용하려 했습니다. 이는 제네바협정 위반입니다.

북한이 정전협정을 위반하고, 전쟁범죄를 일으키며 이런 행동에 대한 책임을 면하려고 한 수많은 사례 중 하나입니다. 북한이 이런 행동으로부터 책임을 면하려고 하는 방법 중 하나는 ‘평화협정’을 도출해내는 것입니다.

개프니: 혹은 ‘평화선언’이 되겠죠. 선언만으로도 협정의 효과를 얻어내지 않겠습니까? 저희는 이를 통해 북한이 저지르는 인도주의적 문제에 대한 ‘면죄부’를 부여할 뿐만 아니라 한반도의 평화에 있어서도 역효과를 낼 수 있다는 점을 잘 모르고 있는 것 같습니다. 이는 한국의 문재인 전 정권에 의해 추진됐는데 여전히 미국 의회에서 (일정 부분) 지지를 받고 있습니다.

한반도의 평화 훼손

개프니: 현재 바이든 행정부의 입장이 무엇인지는 명확히 모르겠습니다. 하지만 이런 평화 선언이 실제 평화와는 매우 다른 방식으로 어떻게 이어질 수 있을지 설명해주시기를 바랍니다.

단: 네, 한국의 전임 정부가 북한의 침략과 또 한 차례의 전면전이 일어나는 것을 막는 가장 큰 억지력인 유엔군사령부와 미군을 철수시키기 위해 이런 접근법을 택할 수 있다는 우려가 있었습니다. 아이러니한 것은 이런 접근법이 한반도의 평화를 강화하기보다는 오히려 약화시킨다는 점입니다. 그렇기 때문에 이를 크게 우려했었죠.

저는 이산가족들이 상봉하고 싶은 열망, 나아가 미국에 있는 이산가족들이 북한에 있는 가족과 상봉하고자 하는 마음에 공감합니다.

개프니: (재미이산가족 중) 일부는 한국에서 왔죠. 강제적인 여행 제한으로 인해 삶이 엉망이 된 사람들을 많이 알고 계신 것으로 알고 있습니다.

단: 네, 이런 내용은 이산가족 상봉법안인 S.2688에 일부 소개돼 있습니다. 그러나 하원에 발의된 '한반도평화법안(H.R.3446)'을 통해 이산가족 상봉을 촉진한다는 주장은 필요하지 않다고 봅니다.

개프니: 저는 H.R.3446에 인권 문제에 대한 언급이 전혀 이뤄지지 않았다는 이야기를 들었습니다. 이산가족 상봉 문제뿐만 아니라 북한의 인권 문제에 대해 전혀 언급이 안 돼 있다는 것인데요.

명확하게 할 것이 있습니다. 북한 주민들의 고통을 완화하고 남북한 주민들의 연결고리를 강화하려고 한 일이 북한의 남침을 촉발할 수 있다는 것인데요. 북한이 과거에도 그랬고 지금도 여전히 정책 목표로 삼고 있는 것으로 보이는 남침 말입니다.

단: 네, 그렇습니다. 오싹한 상황입니다.

개프니: 네, 맞습니다. 만약 이 법안을 지지하는 의원들과 만나게 되거나, 국제형사사법대사 재직 당시 때처럼 한국의 문재인 정권 고위 인사들을 만나게 된다면 어떤 말씀을 하시겠습니까? 한국과 미국을 갈라놓고, 오랫동안 한반도의 평화를 지켜온 양국의 방위조약을 깨트릴 수 있는 접근법을 택하는 이들에게 어떤 반대 주장을 하고 싶으십니까?

단: 이는 북한의 손아귀에 놀아나는 것입니다. 북한은 이를 오랫동안 추진해왔습니다. 미군이 더 이상 한국에 주둔하지 않고, 한국을 보호할 의지가 없어진다는 뜻은, 제2차 한국전쟁이라는 전면전을 일으켜도 된다는 하나의 초대장이 주어진다는 것을 의미합니다. 제 부모님은 한국전쟁 당시 어린 아이였는데, 꽤 아이러니하다고 보지 않으십니까?

저희는 지금 북한을 놓고 이야기하고 있다는 것을 기억할 필요가 있습니다. 북한은 자신들이 체결한 모든 국제 협약과 조약을 지속적으로 위반하고 있습니다. 자신들의 이익을 위해 쉽고 빠르게 합의를 위반해버리죠. 그리고는 전술적 이익을 위해 또 합의를 체결합니다. 이것이 북한의 패턴입니다. 북한이 '평화협정'과 같은 합의를 지킬 것이라고는 상상할 수 없습니다.

북한이 약속을 지키겠다고 했다는 내용을 문서에 담는 것은 해당 문서에 사용된 종이가 아까운 일입니다.

피상적 평화를 피해야

개프니: 저희는 북한 사람들과 많은 경험을 했고 이들이 이번에는 다르게 행동할 것이라고 생각하는 망상에 빠지기 마련이었습니다. 한반도에 새로운 충돌이 일어날 가능성이 있다고 하셨습니다. 북한의 군사력은 1950년대와는 차원이 다를 정도로 증가했습니다. 세계에서 네 번째로 큰 군대를 갖고 있기도 하고 말이죠. 중국과 러시아, 미국 등 3국도 이 충돌에 어떻게든 휘말리게 될 것으로 봅니다. 지난 전쟁 때와 규모의 차이는 있을 수 있겠지만요.

하나의 오판이 저희를 이런 위험한 상황에 처하게 할 수 있습니다. 적대행위를 중단한 (정전협정) 이후부터 계속 이를 목표로 삼아왔던 북한의 손아귀에 놀아나는 것이 될 뿐만 아니라 말이죠. 이들은 첫 번째 한국전쟁 이후 계속해서 이런 통일 목표를 추진해왔습니다.

단: 네, 맞습니다.

개프니: 충격적인 일입니다. 지금과 같은 상황에서 당신이 인권 운동가라면 미국 의회에 어떤 이야기를 하시겠습니까? 미국 의회는 일반적으로 인권과 인간의 존엄성을 강력히 지지하고, 대량학살은 물론, 어떤 억압에도 강력하게 반대하는 입장을 갖고 있는 곳인데요. 이들의 가치 및 신념과 상충하는 일이 벌어지고 있는 것에 대한 가장 설득력 있는 주장은 무엇이라고 생각하십니까? 또 하나의 충돌로 이어질 수 있다는 것과는 별개로 말입니다.

단: 안타깝게도 한국의 문재인 전 행정부는 정의와 인권을 수호하는 것과는 반대의 방향으로 나아갔습니다. 이들은 오히려 미국 의회에 발의된 법안을 폐기시켜야 한다는 주장을 하는 사람과, 북한에 진실된 정보를 유입시키려는 사람들이 한국의 평화와 안전을 위험에 빠뜨린다고 왜곡했습니다. 그러나 정의가 없는 평화는 기껏해야 피상적 평화에 불과합니다.

저희 미국은 전세계에서 자유와 정의의 가치를 대변해온 국가입니다. 저희는 이런 가치에 있어 등대와 같은 존재였고 이에 전념하겠다는 약속을 포기해서는 안 됩니다. 문재인 정권 때처럼 이런 활동을 한국에서 이어가고 있는 사람들을 처벌하는 것이 아니라 이런 가치를 강화하고 지지하는 모습을 보여줘야 합니다. 어떤 면에서 보면 미국은 한국을 포함한 다른 어떤 곳보다 이를 시행하기에 더 좋은 위치에 있습니다.

저희는 특별한 역할을 맡아야 합니다. 또한 일반적으로 봤을 때 북한 인권 문제는 초당적인 문제였습니다. 북한과 관련된 사안들은 대부분 초당적이었고 만장일치를 이뤄냈습니다. 평화 선언을 통해 한반도의 상황이 개선될 것이라고 속는 것은 잘못된 일입니다.

트럼프의 행동과 김씨 정권

개프니: 저는 최근 아프가니스탄에서 일어난 만족스럽지 않은 경험이 떠오릅니다. 미국이 끝나지 않는 전쟁을 단순하게 끝내버리겠다고 한 일이었는데요. 계속 지속됐을 끝나지 않는 전쟁을 일방적으로 끝낸다는 것은 항복하는 것과 같다는 점을 알게 됐습니다. 이를 항복이라고 부르든, 그냥 모든 것을 남겨놓고 떠난 것이라고 부르든, 이는 좋은 결과로 이어지지 않습니다. 꼭 그렇게 됩니다. 아프가니스탄의 경우 상당수의 군사물자가 적(敵) 탈레반 손에 들어가게 됐습니다.

저는 북한의 상황은 다를 것이라고 생각하는 사람들을 믿을 수가 없습니다. 북한의 군사 배치 상황, 명시된 정책, 그리고 역사를 보면 북한이 이 전쟁을 계속 이어가겠다는 확고한 결심을 갖고 있다는 점을 알 수 있습니다.

단: 네, 그렇습니다.

개프니: 가능하다면 폭력적으로 이를 추진할 것입니다. 단 대사님은

현재 미국 국가안보에 대한 도전과제를 연구하고 계시는데요. 이 문제를 외면하거나 일종의 희망적인 생각에 빠져 있는 많은 사람들을 확인하셨을 것입니다. 북한 주민들의 상황을 개선하고 북한 정권이 저희에게 가하는 위협을 중단하도록 하는 다른 접근법은 무엇이 될지 설명해주시고 계시는데요.

북한 문제를 떠맡아야 했던 도널드 트럼프와 함께 근무했던 상황에 대해 듣고 싶습니다. 버락 오바마가 트럼프에게 북한 문제를 놓고, 그가 남기고 가는 사안 중 가장 우려되는 사안이라고 말한 것으로 기억하고 있습니다. 북한과 관련해 상황이 매우 악화될 수 있다는 이야기였는데요.

단: 네, 도널드 트럼프는 이런 관점을 바꾸려고 했습니다.

개프니: 당시 상황과 이에 대한 분석을 듣고 싶습니다.

단: 저는 한편으로는 인도적 지원, 문화 교류, 북한으로의 진실된 정보 유입 등의 사안들이 유용하고 중요하다고 생각합니다. 큰 도움이 될 것이라고 봅니다.

반면 외교적 접근과 태도에 있어서는 단호하고 강력한 모습을 보여줘야만 합니다. 지난 정부는 그렇게 했습니다. 북한은 힘의 원칙으로 작동하고 힘과 관련된 사안이 아닌 것에는 관심을 갖지 않고 귀도 기울이지 않기 때문입니다. 북한은 자국민들에 대해 전혀 관심을 갖지 않습니다. 권력을 유지하는 일에만 관심이 있습니다. 그렇기 때문에 국내외적으로 사용될 수 있는 군사력을 갖추고 이를 활용하는 것에 관심을 갖고 있는 것입니다.

그렇기 때문에 세계 역사상 가장 강력한 군대를 보유한 미국이 (북한에) 강력한 접근법을 택하는 것이 성공 가능성이 있는 유일한 접근법이었습니다. 트럼프 행정부는 그 어느 누구보다도 이에 가까워졌었죠.

이는 현 행정부에서 (국무부 동아시아태평양 부차관보로) 근무하는 정 박의 《비커밍 김정은(Becoming Kim Jong-un)》이라는 책에 잘 나와 있습니다. 저는 그가 미국이 북한 문제에 있어 어떤 접근법을 택해야 하는지, 무엇이 최선인지를 잘 설명했다고 봅니다. 제가 계속 말해왔듯 강력한 접근법을 택해야만 합니다.

개프니: 제 옛 상사인 로널드 레이건이 주장한 '힘을 통한 평화'와 궤를 같이한다고 생각합니다. 외교적으로 관여할 의사가 있어야 하지만 대안 역시 갖추고 있어야 한다는 것이죠. 미국은 트럼프라는 카드를 갖고 있었다고 생각합니다(注: 트럼프 카드는 도널드 트럼프라는 인물의 특징을 의미하기도 하지만 비장의 무기라는 뜻의 숙어로도 사용된다).

흥미로운 이야기일 것 같은데요. 도널드 트럼프는 그의 매력을 통해, 북한 독재자 김정은으로 하여금 무장을 해제하게끔 하려고 했다는 이유로 비판을 받아왔습니다.

그가 순진했고 김씨 정권과 끝없는 회담에 참여했던 외교관들의 축적된 전문 지식 등을 무모하게 무시했었다는 비판이었습니다. 김씨 정권의 전임자들과의 사례 때도 마찬가지였죠.

그러나 미국이 북한과의 합의를 도출해내려는 과정에서 중국공산당이 맡은 역할에 대한 언급이 전혀 없습니다. 오랫동안 추진해온 일을 달성하려 했던 당신의 입장에서는 이를 어떻게 받아들였습니까? 기회가 있었다고 생각했습니까? 아니면 '이는 바보 같은 일이고 내 다른 성과를 모두 훼손하는 일이 될 것이야'라고 생각했습니까?

단: 저는 좋은 기회가 왔다고 생각했고 목표 달성에 가장 근접했었다고 봤습니다. 희망에 찬 관점이 아니라 현실적인 관점, 명확한 관점에서 봤을 때 그랬습니다.

개프니: 트럼프 대통령에 의해서 말이죠?

단: 네, 그렇습니다. 북한 정권의 본질과 이들이 어떻게 작동하는지에 대한 기본적인 이해가 있었습니다. 저는 그 어느 때보다 더 좋은 성과를 이뤄냈다고 생각합니다. 더욱 긍정적인 방향으로 향하도록 하는 데 더 가까워졌었다고 봅니다.

개프니: 이런 진전이 이뤄진 이유 중 하나는 북한 정권이 써온 협상 방식을 깨뜨리는 접근법으로 북한에 압박을 가했기 때문입니다. 이런 이유에서 기회가 있었을 것이라고 생각하시는 것입니까?

단: 네, (저희는) 북한의 일반적 협상 방식을 깨뜨렸습니다. 북한은

일반적으로 위기를 촉발하고, 이들이 원하는 사람들을 테이블로 부르며, 자신들이 얻을 이익에 대해 협상을 합니다. 이런 이익을 집어삼킨 뒤 합의를 파기하고 위반하는 방식입니다. 이를 계속 반복하는 것이었죠. 트럼프 대통령은 이런 방식을 깨뜨리는 데 있어 훌륭한 일을 해냈습니다. 북한이 평소 원하던 방식으로 일이 진행되지 않았습니다. 저는 매우 잘한 일이라고 생각합니다.

또한 미국은 자국민들을 본국으로 데리고 왔습니다. 폼페이오 장관은 공개적인 석상에서 그가 달성한 성과 중 가장 뜻깊은 것은 미국인들을 돌아오게 한 것이라고 밝힌 바 있습니다.

개프니: 북한이 억류했던 미국인들을 말씀하시는 것인가요?

단: 네 맞습니다. 또한 한국전쟁에서 전사한 미군 유해도 돌려받았습니다. 미사일 발사도 없었고 일들이 올바른 방향으로 나아가고 있었습니다.

개프니: 트럼프 행정부 초기 이후부터 확실히 긴장이 완화된 것으로 보였습니다.

역사의 쓰레기통

개프니: 트럼프 행정부 이후의 상황에 대해 여쭙고 싶습니다. 과거의 상황으로 되돌아가고 있는 것으로 보입니다. 미국은 북한이 전

제조건 없이 미국과 협상에 나서도록 하기 위해 문을 두드리고 있는 것 같습니다. 중국공산당을 통해 또 그러고 있는 것일 수도 있죠.

당신이 제시한 방안은 큰 도움이 될 것으로 보입니다. 만약 다른 접근법을 고수하게 되면 어떻게 상황이 바뀔 수가 있다는 것에 대한 고무적인 메시지를 전해주시기 바랍니다.

단: 네, 저는 북한 정권이 매우 정의롭지 못하다고 믿습니다. 역사상 존재했던 부패하고 정의롭지 못했던 정권의 사례들을 되짚어보면, 북한이 '역사의 쓰레기통'에 처박히게 되는 것은 '언제', '어떻게'의 문제일 뿐이라고 생각합니다. 어떤 일이 '만약 생긴다면'과 같은 문제가 아니라는 것입니다.

저는 북한과 같은 정권이 역사의 흐름을 거슬러 가며 계속 끈질기게 버티지 못할 것이라는 희망을 갖고 있습니다. 이런 날이 빨리 찾아올수록 한국의 정의롭고 평화로운 통일에는 좋은 일이 될 것입니다.

개프니: 북한이 원하는 방식의 통일이 아닌 다른 방식으로 말이죠?

단: 네, 맞습니다. 남북한의 체제가 이뤄낸 성공은 극적이고 극명한 차이를 보입니다. 북한의 체제는 처참하게 실패했고 현안을 조금이라도 공정하게 평가하는 사람이라면 이를 명확하게 알 수 있을 것입니다. 어떤 체제가 국민들의 이익을 위해 더 잘 작동했는지를 말이죠.

개프니: 한국 주도의 (통일) 체제는 합의된 직후 산산조각이 날 수 있는 방식의 평화가 아니라 항구적인 평화로 이어지게 될 것입니다.

단: 네, 동의합니다.

개프니: 단 대사님, 이런 문제를 위해 일생을 헌신해오셨는데요. 학계에서 여러 글을 썼고 정부 고위직을 맡기도 하셨습니다. 국제 인도주의법을 위반한 사람들에 대한 책임을 묻는 일을 해오신 것인데요. 전쟁을 막기 위해 현재의 정전협정을 유지하는 것이 매우 중요하다고 강조하신 것은 말할 것도 없고요.

저는 H.R.3446에 대한 당신의 지적이 정확하다고 생각합니다. 이 법안을 지지하는 사람들에게 당신의 분석을 알려주는 일이 급선무라고 봅니다. 법안 지지자들은 자신들의 행동이 북한 주민들의 인권에 해를 끼치고 이 끔찍한 정권을 영속시킬 뿐만 아니라 저희를 최악의 경우 또 하나의 한국전쟁에 휘말리게 할 수 있다는 점을 깨달아야 합니다.

단: 네.

개프니: 오늘 대담에 함께해주셔서 감사합니다. 북한의 상황, 그리고 저희가 현재 무엇을 해야 하는지에 대해 자세히 알아볼 수 있는 시간이었습니다.

모르스 단 후기

현재 국제사법재판소(ICJ)는 러시아에 우크라이나에 대한 침략을 중단할 것을 요구하는 예비 결정을 내렸다. 러시아는 이를 무시했다. 여러 국가들이 현재 국제형사재판소(ICC)에 이 문제를 조사할 것을 요청했고 궐석 기소가 가능하다. 기소 이상의 처벌은 푸틴이 권력을 잃고 체포됐을 경우에만 가능할 것이다.

북한 지도부의 경우에는 혼합(하이브리드)재판소, 혹은 한국 재판부의 국내적 기소가 정의를 위한 최선의 방안일 수 있다. 지속적인 언론의 관심은 이런 옵션을 추구하려는 의지를 형성하도록 하는데 도움이 될 수 있다. 또한 안보 문제가 중요한 것은 맞지만 이로 인해 인권 문제를 덮어서는 안 된다. 오히려 인권 문제와 안보 문제를 결합하게 하면 협상력을 강화할 수 있다. 정의는 충족돼야 하며 이를 위한 확고하고 끈기 있는 결단이 이뤄져야 한다.

프랭크 개프니의 요약

우리는 트럼프 행정부 당시 국무부 국제형사사법대사를 지낸 모르스 단으로부터 북한을 비롯한 해당 지역의 위태로운 상황에 대한 이야기를 들을 수 있었다. 그는 새로 나온 책 《북한, 국제법과 이중위기(North Korea, International Law and the Dual Crises)》의 저자이기도 하다. 이 장에서 우리는 김정은 정권에 의해 가해지는 위협을 분석했고 북한이 어떻게 변화하고 있는지, 자유세계가 무엇을 해야 하고 무엇을 해서는 안 되는지에 대해 논의했다.

단 대사의 분석에 따르면 북한 정권은 전쟁범죄, 반인도주의 범죄, 그리고 대량학살 범죄를 저질렀다. 전쟁범죄 사례 중 하나는 북한이 1968년 미국의 푸에블로호를 나포, 선전 활동을 위해 미국 선원을 고문한 것이다.

단 대사는 해당 사건이 정전협정 위반이라며 북한이 이에 대한 책임을 지는 것을 모면하기 위한 하나의 방법은 문재인 전 한국 정권과 미국 의회의 일부에서 추진하는 새로운 종전협정을 통한 것이라고 했다.

북한은 국제 협약을 지속적으로 위반해왔다. 북한이 지금은 그렇게 하지 않을 것이라고 생각하는 것은 어리석은 일이다. 종전협정은 한반도의 평화를 보장하기는커녕 북한의 새로운 남침으로 이어질 것이다.

정전협정 이후 지속되는 북한 정권의 변함없는 영토 야욕, 급격하고 위험한 군사 고도화를 보면 이를 알 수 있다. 세계에서 네 번째로 큰 군대를 가진 북한은 다른 대량살상무기들은 물론, 핵무기와 극초음속미사일 및 장거리 미사일 역량으로 무장돼 있다.

단 대사는 서방세계가 우려스러운 종전협정을 추구하는 것 대신, 무력의 위협으로 뒷받침된 강력한 외교 접근법을 택하는 것이 북한 정권을 이해시킬 유일할 방법이라고 했다. 그는 김씨 왕조가 너무나도 정의롭지 못하다며 부패하고 범죄적이라고 했다. 그렇기 때문에 이는 결국 실패할 운명에 처해있으며 이들에 양보를 할 어떤 정당성도 없다고 했다. 이런 양보는 북한 주민 및 전세계에 가해지는 북한 정권의 위협을 계속 이어지도록 할 것이라고 했다.

다음 장에서는 북한의 군사 위협이 얼마나 중대한지에 대해 살펴볼 예정이다. 관련 분야의 저명한 전문가인 데이비드 맥스웰 예비역 미 육군 대령과 함께 이를 논의할 계획이다.

맥스웰과 함께 북한이 또 한 차례의 남침을 준비하고 있는 것인지, 이런 침략을 막는 데 있어 주한미군이 얼마나 중요한 것인지를 논의한다. 또한 평화를 촉진한다는 명목을 갖고 있지만 오히려 전쟁을 일으킬 가능성이 있는 '한반도평화법안'에 대한 이야기도 다뤄진다.

LIVING WITH DICTATORS

By Colonel David Maxwell (Retd)

위협의 현실

9

데이비드 맥스웰

데이비드 맥스웰은 미 육군 특수전사령부 출신 대령으로 20년 이상 아시아에서 복무하며 북한과 동북아시아 안보 문제를 전문적으로 다뤘다. 그는 한국, 일본, 독일, 필리핀, 미국 본토 등에서 복무했고 국방대학교에서 안보 문제를 강의했다. 그는 '스몰워즈저널(Small Wars Journal)'의 편집자이자 워싱턴 DC에서 안보와 외교 문제를 전문적으로 다루는 초당적 연구 기관인 민주주의수호재단의 선임연구원이다.

개요

미국의 핵심 국익은 한반도에서의 적대행위가 재개되는 것을 막는 것이다. 북한의 핵과 탄도미사일 위협, 전세계에서 네 번째로 큰 규모의 군대를 갖고 있고 70%의 군사력을 비무장지대(DMZ) 인근에 배치한 북한이 한국에 위협이 되고 있는 것에 대해 우려하는 것도 타당하다. 재래식 공격은 물론, 대량살상무기를 동원한 공격을 억제하는 것이 미국의 정책과 전략의 핵심 요소이다.

그렇다면 북한 정권의 전략은 무엇일까? 북한의 전략은 다음과 같이 설명할 수 있을 것이다. 북한 정권은 70년간 전복과 강압, 강탈, 외교적 협박(고조된 긴장과 위협 행위, 도발을 통해 정치적·경제적 양보를 얻어내는 협박)을 진행해오고 있다. 또한 한반도를 '게릴라 왕조 및 수용소 정권'인 북한의 주도하에 통일하기 위해 무력을 사용하는 것이다.

북한 정권은 이를 달성하기 위해서는 한국과 미국의 동맹을 분열시켜야 하고 주한미군을 철수시켜야 하며 한국과 일본에 대한 미국의 핵우산 제공 방침을 무력화해야 한다. 김정은의 입장에서 봤을 때 이런 사안이 한국과 미국의 '적대 행위'를 중단하는 일이다. 북한 정권은 한국과 미국의 동맹을 분열시켜야 한국을 정복할 수 있는 것이다.

지금부터 프랭크 개프니와 데이비드 맥스웰의 대담 내용을 소개한다. 이는 2022년 4월 24일 미국과 영국을 비롯한 전세계에 실시간 라이브(www.NTD.com/LIVE)로 송출된 NTD 방송을 통해 소개된 바 있다. 해당 시리즈의 제목은 '살아 있는 현안(Issues Alive)'이었다.

데이비드 맥스웰과의 대담

적을 제대로 바라본다는 것

프랭크 개프니(이하 개프니)**:** 저는 프랭크 개프니입니다. 북아시아와 관련된 시리즈 '살아 있는 현안'의 프로그램을 또 한 차례 진행하게 돼 기쁩니다. 오늘 저희는 남북한의 분단, 현 상황에서의 통일에 대한 전망에 대해 논의해보려고 합니다. 미국의 저명한 한반도 문제 전문가를 오늘 이 자리에 모셨습니다.

오늘의 대담자는 미 육군 특수전사령부 대령 출신으로 전술적, 전략적 문제를 오랫동안 다뤄온 데이비드 맥스웰입니다. 저는 개인적으로는 그를 잘 모르지만 오늘 그에 대해 많은 것을 알아가게 되기를 바랍니다. 저는 그가 해온 일을 오랫동안 존경해왔는데요. 그는 현재 민주주의수호재단에서 선임연구원으로 활동하고 있습니다. 오늘 나와주셔서 감사합니다.

데이비드 맥스웰(이하 맥스웰)**:** 네, 감사합니다. 이런 중요한 사안을 논의하는 자리에 초청해주셔서 감사합니다.

개프니: 이 문제가 얼마나 중요한지에 대해서는 과장할 필요가 없습

니다. 미국에 있는 사람들 중 일부만이 이를 중요한 문제라고 생각하고 있는데요. 그렇기 때문에 당신의 전문지식을 소개하고자 한 것입니다. 다시 한 번 감사드립니다. 당신은 오랜 시간을 현장에서 근무했습니다. 이런 경험이 북한의 위협을 비롯한 다른 위협을 바라보는 시각에 어떻게 작용했습니까?

맥스웰: 좋은 질문입니다. 저는 한국에 처음 파병돼 DMZ에 배치됐던 1980년대 이야기로 시작해볼까 합니다. 당시 미군은 DMZ 지역을 순찰했을 때인데 북한군과 바로 맞닿아있었습니다. 한국군과 함께 DMZ를 지키는 일을 하고 있었죠. 이 경험은 적을 눈으로 직접 바라보는 것이 어떤 것인지를 가르쳐줬습니다.

개프니: 대담자 중 한 명이었던 그레그 스칼라튜 북한인권위원회 사무총장(3~4장)은 사람들이 잘 언급하지 않는 사실 하나를 이야기했습니다. DMZ가 사실상 지구상에서 가장 군사화된 지역이라는 것인데요.

북한군과 바로 맞닿아있었다고 하셨는데 미군에 대한 물리적 공격이 가해진 사례가 있던 것으로 기억합니다. 북한군에 의한 살해 행위였는데요.

맥스웰: 1976년에 '도끼 만행 사건'이 일어난 적이 있습니다. 남북한 사이에는 작은 충돌이 이어져 왔고 지금도 마찬가지입니다. 물론 지금은 미군이 (DMZ 내에) 주둔하지는 않습니다.

하지만 당시의 경험으로 저는 유엔군사령부와 한미연합사령부가 왜 '오늘 밤 당장이라도 싸울 준비를 갖추고 있다'는 데 전념하고 있는지에 대한 상황의 급박함을 깨닫게 됐습니다.

개프니: 네, 맞습니다.

맥스웰: 세계에서 네 번째로 큰 군대인 북한군은 120만 명이 현역으로 근무하고 있으며 이중 70%가 DMZ와 평양 사이에 배치돼 있습니다.

개프니: 언제라도 공격할 준비를 갖추고 있는 것이죠?

맥스웰: 네, 그렇습니다. 지금이라도 싸울 준비가 돼 있습니다. 이들은 구식 장비, 영양결핍 등 여러 문제를 겪고 있습니다. 하지만 레닌이 말했듯 "양(量)은 그 자체로 질(質)이다"입니다. 북한은 이런 양을 갖고 있습니다.

한국 침략

개프니: 한반도의 지리적 상황에 대해 이야기를 나누고 싶습니다. 많은 사람들이 당신이 한 말을 중요하게 생각하지 않을 것 같은데요. 북한이 120만 명 이상의 군인을 보유하고 있을 뿐만 아니라 대다수가 DMZ 인근에 배치돼 있다고 하셨습니다. 한국의 서울이 장사

정포의 사정권 안에 들어가며 언제라도 한국에 지옥과 같은 상황이 펼쳐질 수 있다는 이야기로 들립니다.

맥스웰: 네, 물론입니다. 한국과 미국의 동맹, 한미연합사령부가 이를 수호하고 억지하는 데 겪는 도전과제입니다. 한국의 수도를 방어하는 임무를 갖고 있는데 지리적으로 한국의 수도는 전방과 DMZ에서 매우 가깝습니다. 이를 방어하는 것은 실제로 복잡한 사안입니다.

개프니: 북한의 김씨 왕조에게 있어 이는 매우 구미가 당기는 일일 것 같습니다.

맥스웰: 그렇게 볼 수도 있지만 이런 사안이 북한군에게는 문제로 작용하기도 합니다.

개프니: 왜 그렇습니까?

맥스웰: 왜냐하면 블랙홀과 같은 상황이 벌어지게 되기 때문입니다. 매우 현대화된 지역 환경인데 군대가 들어가게 되면 빠져나올 수 없게 됩니다. 어떤 방식의 침략이 됐듯 엄청난 사상자와 파괴를 불러일으킬 것입니다. 대다수의 한국 국민들이 (전방) 지역에 살고 있고 대피할 수 없을 것이기 때문입니다. 이런 지리적 상황은 수천 년간 바뀌지 않았지만 이 지역이 도시화된 것은 비교적 최근 일입니다.

이는 북한을 복잡하게 만드는 문제입니다.

북한은 군사적 문제점도 갖고 있는데 상황이 1950년대와 비슷하다는 것입니다. 북한은 DMZ를 빠르게 넘어, 서울의 남쪽과 동쪽의 한강을 지나 미군이 개입하기 전에 부산까지 도달해야 합니다. 이게 북한의 계획인데 매우 빠르게 진격해야 합니다.

충돌을 대비하다

개프니: 이런 문제에 대한 이야기를 더 나누고 싶습니다.

당신이 이 문제를 자세히 연구했다는 것은 알지만 저는 이 분야에 있어서만큼은 전문가가 없다고 생각합니다. 불확실한 정보를 토대로 연구를 이어갈 수밖에 없기 때문인데요. 왜 북한이 도시화된 지역을 쓸어버리지 않을 것이라고 생각하십니까? 북한은 전진 배치된 1만4000대의 장사정포를 갖고 있습니다. 북한이 생화학무기를 사용해 해당 지역의 인구를 줄일 수도 있을 텐데요. (들어가면 빠져나오지 못하는) 블랙홀과 같은 상황을 피하면서 말이죠.

맥스웰: 북한은 여러 방법을 동원해 공격에 나설 것입니다. 제가 말하는 것은 이들의 일반적인 기동력인 탱크와 보병 부대입니다. 이들은 수도를 두고 싸우는 것을 꺼릴 것입니다. 북한이 물론 서울을 바꿔버리려고 하고 이를 공포에 빠뜨리려고 할 수 있습니다. 북한은 화학무기, 장사정포, 미사일, 생물무기 등을 동원, 이런 상황을 야기할 역량을 갖고 있습니다.

북한은 서울을 공격하는 동시에 기동부대가 동쪽으로 우회할 수 있도록 할 것입니다. 북한이 전쟁에서 승리하기 위해서는 한반도를 빠르게 점령해야 합니다. 한국이 모든 예비군을 동원하고 미국이 일본과 미국 본토에 있는 미군을 동원하기 전에 말이죠.

개프니: 현재 한국에 몇 명의 미군이 주둔하고 있습니까? DMZ는 아니더라도 보다 남쪽에 주둔한 미군들 말이죠.

맥스웰: 현재 2만8500명의 미군이 주둔하고 있고 대다수는 한미연합사령부 소속입니다. 대한민국은 정보와 수송, 통신 등의 활동을 제공하는 연합사령부의 보호를 받고 있습니다. 또한 주한미군 2보병사단이라는 곳이 있습니다. 미군으로만 구성된 것이 아니라 한국군과 함께 구성된 사단입니다. 군산과 오산에는 한국 공군과 함께 엄청난 공군력을 갖추고 있는 비행단이 있습니다. 막강한 전력입니다.

한국군의 65만 명과 비교하면 비교적 적은 규모의 미군이 주둔해 있다고 할 수 있겠습니다.

개프니: 이 수치는 현역과 예비군을 합친 것입니까?

맥스웰: 아닙니다, 현역만을 대상으로 한 숫자입니다. 동원이 완료되면 100만 명 정도를 갖추게 됩니다. 음, 모든 예비군과 민방위를 포함하면 400만 명쯤 될 것입니다. 만약 방위 계획이 추진되면 70만

명의 미군이 지원하게 될 것입니다.

개프니: 주둔하고 있는 2만 명에 추가로 이런 인원이 들어갈 수 있다는 뜻인가요?

맥스웰: 일본에 주둔하고 있는 5만 명의 미군이 있습니다. 대다수는 해병대 소속인데요. 또한 앞서 언급한 공군력도 갖추고 있습니다. 미국 본토와 하와이, 알래스카 등에서도 지원을 받게 됩니다. 한국을 방어하기 위해 지정된 군부대가 있습니다.

물론 물리학의 법칙에 따른 어려움을 겪을 수 있습니다. 전개 활동을 위해 필요한 장소와 시간, 거리 등에 따른 제한인데요. 한국에 대규모의 군인을 파병하기 위해서는 항공으로 약 일주일이 걸리고 배로는 30일 정도 걸립니다. 서태평양에서 많은 시간을 보내게 되는 것이죠.

개프니: 네, 맞습니다.

맥스웰: 이런 이유에서 미국은 태평양뿐만 아니라 한국을 포함한 전 세계에 전진 배치된 군대를 갖추려고 하는 것입니다.

중국을 속이다

개프니: 이런 내용을 추가로 논의하기에 앞서 다른 질문을 하나 드리도록 하겠습니다. 저희는 이 책에서 중국공산당이 없었다면 북한도 없었을 것이라는 주제를 다뤄왔습니다. 이 지역 전반에 대해 오랫동안 연구해오셨는데요. 중국이 한국전쟁 때처럼 북한을 지원할 수 있고, 또 한 차례의 전쟁이 발생하면 똑같이 할 것이라는 분석에 대해서는 어떻게 생각하십니까?

맥스웰: 북한의 유일한 동맹은 중국입니다. 다른 동맹국이 없습니다. 입술과 이처럼 가깝다는 말이 있습니다(注: 입술이 없으면 이가 시리다는 말로 서로 떨어질 수 없는 밀접한 관계라는 뜻의 순망치한·脣亡齒寒을 의미한 것으로 보임).

저는 이들의 관계는 틀니와 썩은 잇몸에 더 가깝다고 생각합니다. 아무튼 중국이 북한의 유일한 동맹입니다. 저는 중국의 전략이 (이들만의) '3불(不) 정책'이라고 생각합니다. 전쟁은 안 되고, (북한) 정권 붕괴에 의한 불안정은 안 되며, 핵도 안 된다는 것입니다. 꽤 훌륭한 야구팀을 갖추고 있는 것 같습니다. 평균 6할은 치고 있는 것인데요(注: 핵을 뺀 나머지는 달성하고 있다는 뜻으로 보임). 핵무기는 사실 중국에 위협이 되지 않습니다. 중국은 북한의 핵무기를 위협으로 간주하지 않습니다.

개프니: 중국이 북한이 핵무기를 갖는 것을 도운 것 아닙니까?

맥스웰: 네 그렇습니다. 최소한 파키스탄과 A.Q. 칸을 통해 그렇게 했습니다. 하지만 북한의 (핵) 무기는 중국 설계를 바탕으로 했습니다.

개프니: 이동식발사대(TEL)도 중국에서 온 것인데요.

맥스웰: 네, 맞습니다. 다만, 중국으로부터 받은 트럭을 북한이 어떻게 자신들의 무기 체계에 적용시켰는지에 대해서는 공로를 인정해야 합니다. 북한은 사실상 중국을 속였다는 이야기를 하고 있는 것입니다. 이 TEL은 중국이 처음 제공했을 때만 해도 단순한 트럭에 불과했습니다. 중국은 북한에 큰 규모의 재래식 무기를 제공하지 않아 왔기 때문입니다. 하지만 북한은 이를 재설계하는 데 있어 탁월한 모습을 보여줬습니다.

개프니: 저는 중국의 공식 입장은 "이 TEL은 단순한 벌목 트럭이었다"고 말한 것으로 기억합니다.

맥스웰: 네, 맞습니다.

개프니: 중국이 말한 것이 사실이고, 북한이 이런 트럭을 TEL로 만들었다고 보시는 것입니까?

맥스웰: 최근 22개의 바퀴를 가진 TEL이 등장했는데요. 저는 북한이

이를 개조한 것이라고 생각합니다.

개프니: 북한이 개조를 한 것이 아니라는 주장을 하려는 것이 아니라 중국이 처음 이를 제공했을 때는 이를 TEL이라고 부르지 않았다는 이야기를 하려는 것입니다.

맥스웰: 이에 대해서 정확한 내용을 알아내는 것은 어렵습니다. 중국은 물론 이것이 단순한 벌목용 트럭이라고 말했죠. 제가 강조하고자 하는 것은 중국이 북한에 무엇을 줬든 북한은 이를 자신들의 목적에 맞게끔 재설계하고 개발하는 것에 능숙하다는 점입니다. 저희는 북한의 응용 능력에 주의를 기울여야 합니다. 북한의 경제는 알다시피 실패했습니다. 주민들이 끔찍한 고통을 겪고 있다는 것을 알고 계실 것입니다.

개프니: 네, 굶주리고 있죠.

맥스웰: 그럼에도 북한은 군사 역량을 고도화하고 있습니다. 핵무기와 대륙간탄도미사일 등을 말이죠.

북한에 의한 한반도 통일

개프니: 제가 중국의 입장에 대한 이야기를 꺼낸 이유는 중국이 생물무기 전쟁에 상당히 진지한 것으로 나타났기 때문입니다. 중국은

특정 인구를 공격하기 위한 목적의 무기를 설계하는 데 있어 미국의 재정 지원과 교육 지원 등의 도움을 받았는데요.

맥스웰: 만약 북한이 중국의 각본을 빌려와 한국의 인구를 감소시키면서도 이를 파괴하지 않으려고 한다면 북한이 서울을 연기로 가득한 폐허로 만드는 것이 될 것입니다.

개프니: 생물학 무기라면 그렇게 할 수 있겠죠. 옛날의 중성자탄처럼 말이죠. 모든 사람을 죽이기는 하지만 건물은 그대로 지킬 수 있는 무기입니다. 저는 중국이 생물학 무기와 관련해서도 꽤 관심을 기울이고 있는 것 같습니다. 북한도 그렇다고 보십니까?

맥스웰: 그렇다는 평가 정도만 내릴 수 있다고 생각합니다. 저는 실제로 그렇다는 신뢰할 수준의 정보를 확인하지는 못했습니다만 그렇다는 판단은 내릴 수 있을 것 같습니다. 한 가지 명심할 점은 북한을 멈추게 하는 것은 아무것도 없다는 점입니다. 생물무기, 화학무기, 재래식 무기 등 무엇이 됐든 말이죠.

개프니: 네, 무엇이든 말입니다.

맥스웰: 네, 북한에는 자제력을 갖도록 하는 것이 없습니다. 목적 달성을 위해서라면 모든 방법을 동원합니다. (프로이센 출신 장군 및 군사학자) 카를 폰 클라우제비츠의 관점에서 보자면 북한이 일으키

는 전쟁은 극단적인 방향으로 향할 것이고 모든 것을 동원한 완전한 전쟁이 될 것입니다. 북한이 무언가를 하기로 결정했다면 이를 멈추도록 할 수 있는 요소가 없습니다. 중국도 아마 멈추지 못할 것입니다. 하나의 가정을 내놓을 수 있다고 생각하는데, 저는 북한이 '수용소 국가의 게릴라 왕조' 하에 한반도를 정복한다는 주요 목표를 갖고 있다고 봅니다. 북한의 방식으로 통일을 이뤄내는 것이죠.

김씨 정권의 생존에 있어 이런 입장이 기여를 하고 있습니다. 국가의 생존이나 한반도 땅덩어리의 생존, 북한 주민의 생존이 아니라 김씨 정권의 생존을 의미하는 것입니다. 저희는 이들을 마피아식 가족 범죄 집단이라고 묘사하고는 합니다.

통일에 대한 한국의 망상

개프니: 네, 맞습니다. 한국과 한국 정부에 대한 이야기를 나눠보도록 하겠습니다. 많은 사람들은 한국이 자유로우며 경제적으로 성공했고, 민주주의 체제를 가진 번영하는 국가로 알고 있습니다.

한국은 자유를 상당히 좋아하는 것으로 알려졌습니다. 그러나 문재인 전 정권은 북한 방식이 될지라도 통일을 하는 것에 열려있다고 직접 말한 적도 있습니다. 한국이 더 이상 (지금의) 한국이 아니게 된다는 뜻일 텐데요. 그렇다면 한국이 북한에 완전히 통합되지는 않더라도 끔찍하게 억압적인 북한 정권과 비슷해지는 것일 수 있습니다.

맥스웰: 이에 대해서는 반박을 해야 할 것 같습니다.

개프니: 네, 그렇게 해주십시오. 저는 그렇다는 이야기를 듣고 있는데요.

맥스웰: 저는 정말 잘못된 묘사라고 생각합니다. 한국은 한국으로 남길 원하며 자유롭게 살고 싶어 합니다.

개프니: 제가 말한 것은 한국 정부 이야기였습니다.

맥스웰: 네, 알고 있습니다.

개프니: 제 말은 일반 한국 국민들이 아니라 문재인 전 대통령과 그의 참모들의 이야기였습니다.

맥스웰: 저는 한국 국민들, 그리고 한국이 무엇을 원하는지에 대해 우선적으로 이야기를 할 필요가 있다고 생각합니다. 문재인 전 정부의 경우는 한 국가에 두 개의 체제를 구축한 뒤, 두 체제로 하여금 궁극적으로 통일을 이뤄내도록 하는 방안을 추구했습니다. 물론 문재인 행정부 내의 일부와 진보 세력 일부 중에는 북한을 미화하는 사람들이 있었습니다. 북한의 주체사상을 자주적이고 주체적이라고 보는 사람들이었습니다.

하지만 저는 한국 정부에서 북한 문제를 다루는 여러 전문가들을 알고 있습니다. 이들은 북한 방식의 통일을 원하지 않습니다. 문재인 전 정권의 가장 큰 위험은 김정은이 선의를 갖고 협상에 나설 것이라는 망상에 빠진 것이었습니다. 북한이 국제사회의 일원으로 책임감 있게 행동하고 이들이 원하는 것은 통일을 향한 길을 논의할 것이라는 망상이었습니다. 김정은의 전략은 전복과 강요, 갈취, 외교적 협박을 기반으로 하고 있으며 궁극적으로는 무력을 통해 한반도를 손에 얻는 것입니다.

이렇게 두 가지의 문제가 있는 것입니다. 물론 문재인은 '평화 대통령'이 되려는 강한 열망을 갖고 있었습니다. 그리고 그는 2022년 5월 자리에서 물러났죠. 대통령 선거는 2022년 3월에 치러졌는데 그는 그가 평화를 불러온 대통령이었다는 업적을 남기고 싶어 했습니다. 평화를 불러온 대통령이 되기 위해 이런 많은 일들을 추진하려고 했었던 것입니다. 이게 하나의 위험이었습니다. 한국을 저만큼 아는 사람이라면 한국인들이 절대 북한이 통치하도록 항복하지 않을 것이라는 사실을 알 것이라 믿습니다. 남쪽에 있는 한국인들이 어떤 대가를 치르더라도 이에 저항하는 모습을 보게 될 것입니다.

잘못된 열망

개프니: 그렇기를 바랍니다. 당신이 저보다 그들에 대해 더 많이 알고 있다고 생각합니다. 제가 우려하는 것은 북한과의 평화를 원하는 정권이 있었다는 점입니다. 계속 근무하게 될 관료들이나 전문가들은 아닐 수 있겠지만 (이에 동의하는) 정치 세력들이 정권에 있었던

것입니다. 문재인 전 대통령이나 2022년 선거에서 (윤석열이 아닌) 다른 후보가 당선돼 특정 방향으로 나아가려고 했다면 어땠을까 하는 우려가 있었습니다. 북한에 의해 정복되는 선택을 내릴 수 있다는 것이었는데요.

저도 한 국가, 두 체제에 대한 이야기를 다른 곳에서 들어본 적이 있습니다. 홍콩 주민들의 이야기를 들어보면 이들은 중국공산당에 의해 노예화가 되고 싶은 의사가 더 이상 없습니다. 한국이 북한의 공포 속에서 살고 싶지 않아 하는 것과 마찬가지로요. 하지만 이런 방식에 놀아나거나 그런 일이 없을 것이라고 속게 될 수 있고 이에 따라 안 좋은 일이 생기기도 하는데요.

맥스웰: 물론입니다. 저는 홍콩에서 일어나고 있는 일이 중요한 경고라고 생각합니다. 이런 경고는 대만에 더 중요한 일일 것이라고 생각합니다. 중요한 일이죠. 하지만 한국의 상황은 많이 다릅니다. 한국은 홍콩보다 더 큰 규모로 저항할 역량을 갖추고 있습니다.

개프니: 네, 물론이죠.

맥스웰: 저는 이것이 매우 중요한 부분이라고 생각합니다.

개프니: 하지만 문제는 (한 국가) 두 체제를 도입하게 되면 앞서 언급하신 망상에 의해 어떤 방식의 타협을 이뤄낼 수도 있다는 우려가 있다는 점입니다. 그러다 갑자기 폭력적인 공격이 시작될 수도 있습

니다. 상황이 악화될 수 있는 것인데요.

맥스웰: 두 가지를 언급하고 싶습니다. 한국과 미국 간 동맹에 있어서의 도전과제는 북한에 대한 다른 시각을 갖고 있다는 점입니다. 한국과 미국이 남북한 문제를 두고 가정하는 것에도 차이가 있습니다.

개프니: 일반적인 한국을 말씀하시는 것인가요 아니면 한국 정부를 뜻하시는 것인가요?

맥스웰: 북한에 대해 한국 정부가 하고 있는 가정입니다. 많은 사람들은 북한이 선의를 갖고 협상에 나설 것이라고 믿습니다. 저희는 북한 정권의 본질, 목표, 전략에 대해 공통된 의견을 갖지 못하고 있습니다. 이것이 가장 큰 차이점입니다. 한국 정부 이야기가 나와서 말인데, 저는 어느 누구도 당신이 언급한 방식의 타협을 이뤄내려고 하지 않을 것이라고 봅니다.

이런 사안에 대한 논의를 할 수는 있겠고 이에 대한 염원이 있을 수는 있겠지만 한국 국민들이 이를 지지할 가능성은 없습니다. 또한 한국의 젊은 세대들은 통일에 사실 반대하고 있습니다. 그렇게 된 이유는 언급하신 것처럼 이들 세대는 한국이 가진 소프트파워와 경제력을 기쁘게 생각합니다. 이들은 민주주의, 자유 시장 경제, 인권의 가치를 중요시합니다.

문재인 전 정권이 이런 분야에 있어 문제를 야기하기는 했지만 당신이 언급한 수준의 합의에 도출하려고 할 정도까지는 절대 가지 못할 것입니다. 한국 국민들은 정치적으로 이를 절대 받아들이지 않을 것이기 때문입니다. 물론 한국의 진보 성향의 정당이 북한과 무엇인가를 이뤄낼 수 있다는 망상에 사로잡혔다는 말씀은 옳다고 생각합니다.

이런 관점에서 또 하나 언급하고 싶은 것이 있습니다. 한국과 미국은 고통받는 북한 주민들을 위해 인도주의 지원을 하고 싶어 합니다. 김정은은 이런 지원을 거절하고 있죠. 김정은보다 북한 주민들의 안녕을 더 걱정하는 사람들이 한국과 미국의 시민들입니다.

개프니: 네, 맞습니다.

맥스웰: 이를 명심할 필요가 있습니다. 저는 그렇기 때문에 한국 국민들이 정부에 의해 속아, 위험이 발생할 수 있는 (남북) 관계를 만들 가능성이 전혀 없다고 보는 것입니다.

개프니: 글쎄요, 당신이 옳기를 바랍니다. 많은 것들이 이에 달렸습니다. 이런 이야기를 듣기 위해 당신을 이 자리에 꼭 모시고 싶었습니다. 저는 이 방송 시리즈를 통해 이런 이야기를 반복적으로 하고 있습니다. 북한 정권이 자국민에게 하는 것을 보면 북한이 미국을 비롯한 적국은 다르게 대할 것이라는 점은 상상할 수가 없다는 이야기입니다.

맥스웰: 호주 대법관 출신인 (마이클) 커비가 이끌었던 2014년 유엔 북한인권조사위원회(COI)는 북한에서 자행되는 인권 유린과 반인도주의 범죄는 2차 세계대전 이후 보지 못한 규모로 일어나고 있다는 결론을 내렸습니다. 어떤 의미인지 상상을 해보십시오. 잔혹함이 그 정도 수준이라는 것입니다.

개프니: 매일 같이 이런 일이 벌어지고 있습니다. 국제사회와 대립하는 과정에서 벌어지고 있는 일이 아니라 말이죠.

맥스웰: 70년 넘게 이어졌습니다. 사람들이 잘 알지 못하는 이야기가 하나 있습니다. 한국전쟁이 끝날 무렵 무엇이 정전협정 체결을 가장 지연시켰는지 아십니까? 정전을 논의하는 데 거의 2년이 소요됐습니다. 이는 포로 교환, 나아가 이들이 어떤 방식으로 교환되느냐에 대한 논의 때문이었습니다. 사람들이 잘 모르는 사안 중 하나는 한국전쟁 종료 당시 8만 명의 한국군이 북한에 포로로 잡혀 있던 것입니다. 탈출한 사람은 100여 명에 불과했습니다. 이들이 현재 어떤 고통을 받고 있는지 잘 알고 있을 것이라 생각합니다.

개프니: 비교하자면 베트남에서의 미국의 상황 같군요. (한반도는) 더욱 심각하고 더 큰 규모였을 것 같습니다. 여기서 오늘의 대담을 멈춰야 할 것 같습니다. 다음 장에서 앞서 언급하신 망상, 특히 평화협정에 대한 망상에 대해 추가적으로 이야기를 나눠보도록 하겠습니다. 평화협정 체결로 인해 한반도가 평화의 중심이 되는 것이 아

니라 불행하게도 제2차 한국전쟁을 촉발하는 것일 수도 있는데요.

미 특수전사령부 출신으로 민주주의수호재단에서 선임연구원으로 활동하는 데이비드 맥스웰과 이야기를 나눠봤습니다. 많은 글을 써왔고 존경을 받는 인물인데요. 다음 장에서 또 한 차례 대화를 나눌 수 있어 기쁩니다. 오늘 시간을 내주셔서 감사합니다.

다음 장에서는 가장 중요한 과제 중 하나이지만 주목받지 못하고 있는 사안에 대한 이야기를 나눠볼 계획입니다. 북한 김정은 정권이 향후 무력을 사용하는 것에 있어 얼마나 진심인지를 다룰 텐데요. 비슷한 생각을 가진 국가들이 합심해 역내의 평화와 안정에 대한 위협에 맞서는 것이 얼마나 중요한지 알아볼 계획입니다.

데이비드 맥스웰 후기

2022년 3월 한국의 대통령 선거에서 보수 성향의 윤석열이 당선됐다. 그는 5월10일에 취임했고 한미동맹을 강화하겠다는 약속을 했다. 그는 북한을 '주적(主敵)'으로 규정했다.

그는 일본과의 관계 개선을 위한 노력을 시작했으며 이는 미국의 인도태평양 전략의 핵심 목표 중 하나이다. 윤석열의 당선은 북한에 대항하고 억지력과 방어력을 향상시키는 긍정적인 방향으로 동맹을 나아가게 할 것이다.

프랭크 개프니의 요약

미 특수전사령부 대령 출신인 데이비드 맥스웰이 왜 북한의 군사 문제와 관련된 세계 최고 전문가 중 한 명으로 인정받는지 알게 됐을 것이라고 생각한다.

대담은 그가 DMZ 인근을 비롯한 한반도에서 직접 경험한 것을 바탕으로 이뤄졌는데 그가 언급했듯 DMZ는 지구에서 가장 군사화된 지역이다. 그는 한국의 수도가 국경으로부터 가깝고 대다수의 한국 국민들이 해당 지역에 거주하고 있다는 점에 대한 전략적 중요성을 언급했다. 맥스웰은 서울이 DMZ 바로 위에 배치돼 공격 준비를 하고 있는 수천 대에 달하는 북한 장사정포의 사정권 안에 들어간다고 지적했다. 이런 목표물은 북한으로서 매우 유혹적일 것이다. 엄청난 화력이 서울과 인근 지역에 쏟아지면 민간인들은 대피하기 어려울 것이고 대피는 사실상 불가능할지도 모른다.

북한의 두 번째 침략이 이뤄진다면 북한이 서울을 지나 빠른 시간 안에 한반도 전역을 통제할 수 있을지가 핵심이다. 한국이 예비군 동원령을 내리고 미국과 일본에 주둔한 미군이 전개하기 전에 말이다.

이런 질문의 답은 와일드카드, 즉, 김정은이 대량살상무기를 사용할 의지가 있는지에 달렸다. 맥스웰은 북한 정권은 남침을 하기로 결정한다면 생화학무기를 사용하지 않기로 한 국제조약에도 불구하고 파괴적 효과를 낼 이런 무기를 엄청난 규모로 사용할지 모른다고 했다.

맥스웰은 김씨 왕조의 유일한 우려는 북한 주민의 생존이 아닌 정권의 생존이라고 했다. 이런 이유에서 2차 한국전쟁이 발발하게 되면 핵무기마저 사용될 수 있으며 사망자와 이에 따른 파괴는 재앙적이 될 수 있다고 했다.

김씨 정권이 중국공산당의 지원이 없었다면 핵무기를 보유하지 못했을 것이고 정권 자체가 존재하지 않았을 수도 있다는 점을 기억할 필요가 있다. 북한 정권의 생존을 위해서는 군사 기술을 비롯해 중국의 대북 투자금 역시 중요하다. 또한 중국이 이들의 꼭두각시인 김정은을 국제사회에서 보호해주는 것 역시 필요하다.

그렇기 때문에 중국 공산주의자들이 북한의 무장해제를 돕거나 북한으로부터 오는 위협을 억제하는 데 있어 믿을 만한 파트너가 될 수 있다고 생각하는 것은 망상이다. 이들의 행동이 개선될 것이라는 희망으로 중국과 북한에 보상을 해줬던 노력은 이들 국가들이 더욱 위험하고 대범해질 수 있도록 시간을 벌어줬을 뿐이다.

이런 위험이 존재하는 가운데, 한국의 문재인 전 대통령이 추진하려고 한 북한과의 통일에 대한 맥스웰의 분석은 주목할 만하다. 그는 한국과 미국 간의 동맹의 가장 큰 도전과제는 김정은이 선의를 갖고 협상에 임할 것이라는 문 전 대통령의 심각한 오판을 바탕으로 한 가정이었다고 했다. 한국 정부는 북한 독재자가 전복, 강요, 갈취, 공갈, 노골적 무력 등을 사용해 한반도 전체를 그의 통치하에 두려는 목표를 유지하고 있다는 점을 인식하지 못함으로써 재앙을 자초해왔다.

맥스웰에 따르면 좋은 소식은 한국 국민들은 이들 정부가 북한의 방식으로 통일을 하려는 것을 용납하지 않을 것이라는 점이다. 맥스웰은 젊은 세대의 경우는 (그런 방식의) 통일을 전혀 지지하지 않는 것으로 나타난다고도 했다.

이번 대담의 핵심 중 하나는 한국 국민들로 하여금 김씨 정권이 자국민에게 매일 같이 자행하는 악행을 한국 내부의 사정에 맞게 적용해보도록 하는 것의 중요성이다. 문재인이 열망한 방식의 통일이 이뤄지면 어떤 삶을 살게 됐을지를 깨닫게 되는 가장 확실한 방법일 것이다. 또한 이를 통해 이에 반대한다는 의사를 강력하게 만들 것이다.

다음 장에서도 데이비드 맥스웰과의 대담을 이어간다. 미국에 있어 한반도의 전략적 중요성, 그리고 한반도에서 일어나는 일들이 왜 전세계적인 영향을 끼치는지에 대해 논의한다. 문재인 전 정권이 평화 협상 과정에서 왜 유화전술을 사용했는지, 북한 통일전선부의 역할, 미국의 역내 동맹국들이 처한 위태로운 상황에 대한 이야기를 나눌 계획이다.

LIVING WITH DICTATORS

By Colonel David Maxwell (Retd)

동맹의 중요성

10

개요

'한반도평화법안'이라고 불리는 H.R.3446은 모든 미국인과 한국인들이 지지할 수 있는 목표를 담고 있다. 인도주의적인 내용, 한국전쟁의 공식 종료, 굳건한 평화체제, 나아가 긴장 완화를 위한 북한과 미국 사이의 연락사무소 설치를 포함하고 있다.

하지만 이런 목표들은 한국과 미국의 동맹, 특히 한국인들의 안전에 도전과제로 작용하게 된다. 해당 법안이 채택되기 전에 이런 도전과제가 무엇인지를 분석하고 한반도 지역과 한국인들에 대한 미국의 이익을 수호하기 위한 법안 개정이 필요한지 여부를 파악할 필요가 있다.

또한 이런 평화 합의가 북한 정권 생존에는 어떤 영향을 끼치게 될까? 북한 정권은 한반도에서의 혁명을 완수하고 북한 체제하에 한반도 전체를 점령해야 한다고 생각하고 있다. 이 목표를 달성하기 위해서는 주한미군의 철수가 핵심이다.

김씨 정권의 본질과 목표, 그리고 전략이 무엇인지를 이해하는 것이 중요하다. 북한 정권은 마피아와 같은 가족 범죄 집단이라는 표현으로 잘 묘사되고 있다. 전세계 각국에서 불법 활동을 저지르고 있으며 2014년 유엔 북한인권조사위원회(COI)의 조사 결과처럼 반인도주의 범죄를 포함한 인권 유린을 자행하고 있다.

현재 북한 주민들이 심각한 고통을 받고 있다는 점에는 의심의

어지가 없다. 기근의 영향으로 300만 명 이상 숨진 1994년부터 1996년 사이의 '고난의 행군' 때보다 더욱 심한 상황일 가능성도 있다.

북한은 2020년 3월 이후 코로나19로 인해 봉쇄령을 내렸고 경제는 붕괴됐다. 자연재해 등의 영향으로 2021년 가을 수확 시기에 또한 차례 실패를 맛봤다.

이것이 북한 정권의 본질이며 북한과 관계를 맺을 때는 이를 정확히 이해할 필요가 있다. (헌법과 노동당 규약, 지도부의 글과 연설문 등) 북한 문서를 면밀히 검토하면 북한의 핵심 국익과 전략적 목표, 성공을 위한 조건이 무엇인지를 파악할 수 있다.

북한이 전세계의 평화에 위협을 끼치고 있다는 표현은 과장이 아니다. 북한은 중국 및 러시아와 국경을 맞대고 있으며 이들 역시 미국은 물론 전세계에 있는 미국의 동맹국들에 위협이 되고 있다. 이 두 적대국들과 이들의 동맹 이란이 평화를 방해하는 것을 막기 위해 미국은 동맹국들과 협력해야 하며 같은 생각을 가진 국가들과 더 많은 합의를 이뤄내야 한다. 그래야만 불에 붙어 스스로를 파괴할 위험에 빠진 세계를 민주주의의 틀 안에서 안정되도록 만들 수 있을 것이다. 이 장에서 계속 설명하게 되겠지만 이런 위험은 분명히 존재하고 있다.

지금부터 프랭크 개프니와 데이비드 맥스웰의 대담 내용을 소개한다. 이는 2022년 5월 1일 미국과 영국을 비롯한 전세계에 실시간 라이브(www.NTD.com/LIVE)로 송출된 NTD 방송을 통해 소개된 바 있다. 해당 시리즈의 제목은 '살아 있는 현안(Issues Alive)'이었다.

데이비드 맥스웰과의 대담

한반도의 딜레마

프랭크 개프니(이하 개프니)**:** 저는 프랭크 개프니입니다. '살아 있는 현안' 프로그램 방송을 진행하게 돼 영광입니다. 미군 장교 출신으로 현재 워싱턴 DC에 위치한 저명한 싱크탱크인 민주주의수호재단의 선임연구원으로 활동하는 데이비드 맥스웰과의 대담을 또 한 차례 진행하도록 하겠습니다.

미국이 직면한 위협, 북한 정권의 전투 방식 및 의도에 대한 이야기를 나누고 있는데요. 이 사안들은 안보 문제에 관심이 있는 모든 이들에게 매우 중요한 주제가 될 것이라고 생각합니다. 이는 북아시아에 초점을 둔 문제이기는 하지만 한국에 있는 미국의 동맹 및 친구들, 이들을 지키기 위해 한국에 주둔하고 있는 미군, 그리고 일본과 대만 등 동맹을 비롯한 미국과 비슷한 생각을 갖고 있는 나라들에 어떤 영향을 끼치게 될지를 알아보는 일입니다.

현재의 위험 요소들을 더욱 악화시키고 있는 것으로 보이는 일들에 대한 이야기를 나눌 계획입니다. 이런 문제 중 하나는 문재인 전 정권과 이 정권을 추종하는 미국 내 일부 세력들이 일종의 평화선언을 추진하려고 했던 점입니다. 이들은 사실상 전혀 끝나지 않은 한국전쟁을 공식적으로 끝내기 위한 합의, 혹은 협정을 체결하려고 했습니다.

오늘 이 자리에 다시 한 번 나와 지구상에서 가장 불길한 군사 역량을 갖춘 북한에 따른 위험을 설명해주시는 것에 감사드립니다. 현재 북한군은 비무장지대(DMZ) 바로 북쪽에 위치해 있는데요. (앞서 언급한 협정은) 평화를 추구하기 위한 의도일 수 있지만 이에 따라 지금보다 한국인들에게 더 위험한 상황이 만들어질 가능성이 제기되고 있습니다. 이에 대한 이야기를 나눠보도록 하겠습니다.

데이비드 맥스웰(이하 맥스웰)**:** 네, 맞습니다. 한반도가 미국에 얼마나 중요한지를 먼저 강조하는 것으로 시작하도록 하겠습니다.

저희는 한반도에서 전쟁이 일어나는 것을 원하지 않으며 미국의 이익은 전쟁을 방지하고 저지하는 것입니다. 충돌이 발생하는 것을 원하지 않는 것이죠. 저희는 평화를 원합니다. 저는 모든 미국인과 한국인이 평화를 원한다고 생각합니다.

개프니: 하지만 한국전쟁이라는 것은 미국인들의 마음속에, 미국이 한반도를 지키기 위해 목숨을 바친 곳이라는 기억으로 남아있는데요.

맥스웰: 현재 한반도에서 일어나는 일은 한반도에만 국한되지 않을 것입니다. 이는 전세계적인 영향을 끼칠 것인데 우선 역내 상황을 짚어보도록 하겠습니다.

세계 10대 경제 강국이며 세계 경제에서 중요한 역할을 담당하는 한국이라는 국가가 있습니다. 그리고 세계 2대, 3대 경제 강국인 중국과 일본이 있죠. 이들 국가는 (한반도에서) 무슨 일이 생기든 영향을 받게 될 것입니다. 그리고 핵무기를 보유한 불량국가인 북한과 국경을 맞대고 있는 두 개의 핵무장국가 중국과 러시아가 있습니다.

불이 번질 수 있는 불씨가 존재하는 것입니다. 충돌 혹은 북한 정권 붕괴 및 내부 불안이라는 우발 사태가 발생하게 되면 세계 (물류) 공급망에 영향을 끼칠 것이고 난민을 유발하게 될 것입니다. 역내의 안보에 영향을 끼칠 것이고 전세계적으로도 영향이 가해집니다.

미국의 입장에서 보면 전쟁을 억지하고 궁극적으로 통일로 나아가도록 하는 것이 국익에 부합합니다. 하지만 미국이 원하는 통일이라는 것은 안전하고 안정적이며 핵이 없는 한반도가 헌법 체제, 자유민주주의 체제, 자유 시장 경제 체제, 법치주의 체제하에 통일하는 것입니다. 또한 북한 주민 모두에 대한 인권이 보장되는 방식의 통일이죠.

이는 통일대한민국이 될 것입니다. 미국은 이런 통일대한민국을 원하며 현재의 문제를 해결하기 위한 유일한 방법은 이를 통해서입니다. 북한의 핵위협과 인권 유린을 끝내기 위한 유일한 방법은 통일대한민국 방식의 통일입니다. 이런 관점에서 현재 한반도에서 일어나는 일을 바라봐야 합니다.

평화에 대한 망상

개프니: DMZ 이북 지역에 변화가 생기지 않는 상황에서 평화 선언이나 합의, 협정 등을 체결하는 것이 앞서 언급하신 방향으로 나아가는 동력이 될 수 있을까요? 언급하신 방식의 통일로 이어지게 할 수 있다고 보십니까?

맥스웰: 제가 매우 사랑하는 한국의 동맹들과 국민들에게 솔직하게 말하고 싶은 것이 있습니다. 문재인 전 정권은 유화 정책에 초점을 두고 있었습니다. 유화 정책 말이죠.

개프니: 유감스럽게도 당신의 지적이 옳습니다.

맥스웰: 한반도에서의 종전선언이라는 개념은 김정은이 국제사회의 책임감 있는 일원으로 협상에 참여하도록 한다는 것인데 이는 망상입니다. 만약 독자적인 종전선언이 이뤄지고 미국과 한국이 이에 동의한다고 하면 어떻게 될까요? 저는 미국 정부가 어떤 방식의 독자적인 종전선언에도 동의하지 않을 것이라고 믿습니다.

개프니: 정말 그렇기를 바랍니다.

맥스웰: 만약 독자적 종전선언이 이뤄지면 미국에 있어 이는 매우 위험한 일이 됩니다. 어떤 일이 발생할 것이냐는 질문인데요. 우선,

이는 북한의 손아귀와 목표에 놀아나게 되는 일이 됩니다. 둘째로 미국이 한반도 분단에 책임이 있고 미국이 통일과 평화에 반대하고 있다고 믿는 한국과 미국의 특정 정치 세력들이 이런 주장을 내놓을 것입니다. “이제 전쟁은 끝났으니 한미동맹을 통해 제공됐던 주한미군과 확장 억제력을 철수시켜야 한다”는 주장이 될 것입니다.

이는 김정은이 원하는 일이고, 김정은과 그의 사악한 여동생 김여정은 직접적으로 미국의 적대 정책이 끝나는 것을 원한다고 말할 것입니다. 문재인은 한미동맹에 따른 적대 정책을 끝내기 위한 방법은 종전선언을 하는 것이라고 믿었습니다. 그런데 김정은은 무엇을 원하느냐? 김정은은 종전선언을 원하는 것이 아닙니다. 그는 동맹 파기를 원합니다. 김정은은 미국이 북한에 대한 적대적인 의도를 갖고 있지 않다는 것을 보여줄 구체적인 조치를 원합니다.

이는 주한미군 철수, 한국과 일본에 제공된 (미국의) 확장 억제력과 핵우산의 철수를 의미합니다. 이를 추진하려고 하는 세력들이 미국과 한국에서 활동하고 있는 것입니다.

개프니: 하나씩 짚어보도록 하겠습니다. 당신은 그(김정은)가 지속되는 미국의 적대감에 우려를 갖고 있고 미군 철수를 통해 이런 우려가 완화됐다는 확신을 받고 싶어 한다고 말씀하셨는데요. 그런데 그가 미군 철수를 원하는 것은 반세기 전 그의 할아버지가 추진하다 실패했던 물리적 정복을 다시 시도하려고 하기 위해서 아닙니까?

맥스웰: 그것이 북한의 전략입니다. 저는 항상 하는 질문이 있습니

다. 김정은이 이런 목표를 포기했다는 증거를 본 적이 있느냐는 것입니다. 어떤 증거도 없습니다. 북한의 수사(修辭), 헌법을 보면 북한은 한반도에서 외세의 영향력을 제거하는 혁명을 완수해야만 합니다. 노동당 규약 등을 봐도 북한이 이런 목표를 포기했다는 어떤 증거도 확인할 수 없습니다.

개프니: 실제 현장에서 어떤 일이 일어나고 있는지를 봐도 알 수 있을 것 같습니다. 앞서 북한이 어떤 방식으로 DMZ를 침투하려 할 것인지에 대한 이야기를 나눠봤는데요.

맥스웰: 네, 맞습니다. 북한이 지난 70년간 해온 행동을 보십시오. 북한은 한반도 전복을 목표로 하고 있으며 조건이 갖춰지면 무력을 통해 이를 진행할 수 있도록 준비를 하고 있는 것입니다. 한미동맹을 분열시키고 미군을 한반도에서 철수시키는 조건을 달성해야 하는데요. 1997년 당시 김정일이 전쟁을 일으킬 것으로 판단해 탈북한 최고위급 인사인 황장엽을 통해 이를 알 수 있습니다. 그는 한국에 와서 당시의 상황을 설명하는 자리를 가졌는데 저희가 한 첫 질문은, "북한은 모든 자원을 활용해 전세계에서 네 번째로 큰 군대를 구축했는데 왜 목표 달성을 위해 적대행위를 재개하지 않았느냐"는 것이었습니다.

그는 저희를 이상한 사람처럼 바라보더니, "우리는 한국이 미국의 지원을 받고, 한반도에 미군이 주둔하는 한 전쟁에서 승리할 수 없다는 점을 알고 있다"고 답했습니다.

황장엽은 북한이 공격을 하면 미국이 북한에 대해 핵무기를 사용할 것이라는 점을 북한이 알고 있다고 했습니다. 이는 두 가지의 의미가 있습니다. 우선 미국이 선언한 정책이 효과가 있다는 것을 의미하지만 또한 북한이 왜 1950년대부터 핵무기 개발에 나섰는지를 보여주는 것입니다. 1950년대부터 말이죠! 북한은 250명의 과학자들을 러시아 모스크바로 보내 기술 공학 분야의 박사학위를 받도록 했습니다. 1962년에는 처음으로 실험용 원자로를 얻었습니다. 북한은 이렇게 1950년대부터 핵개발에 나선 것이었습니다.

개프니: 북한은 A.Q. 칸과도 관계를 맺고 있었죠. 하나의 핵무기 시장이었습니다.

맥스웰: 네, 맞습니다. 북한이 한반도를 지배하겠다는 목표를 포기했다는 증거는 없습니다. 미국 의회에서 논의되는 평화적 제안을 검토할 때 이런 점을 명심할 필요가 있습니다. 계속 말하지만 저는 솔직히 이들이 망상에 빠져있다고 생각합니다. 이들은 원하는 목표를 달성하지 못할 것입니다.

내부로부터의 전복

개프니: 전복이라는 표현으로 묘사할 수도 있겠는데요. 하나 질문이 있습니다. 북한의 명확한 목표 중 하나는 한국을 이들의 통치하에 전복시키는 것이라고 생각합니다. 이런 전복을 위한 활동이 미국 내

에서도 진행되고 있다고 보십니까?

북한 정권이 모든 분야에서 보여주는 끔찍함을 고려하면 북한을 옹호하려고 하는 사람이 있다는 사실을 믿기 어렵습니다. 그런데 미국 내에서 북한 통일전선부를 위해 일하는 세력들이 있다고 보십니까? 또한 미국 의회 법안에 제시된 내용들이 이런 활동의 영향을 받았을 가능성이 있다고 생각하십니까?

맥스웰: 통일전선부를 언급하셨는데요. 통일전선부 내에 225국이라는 곳이 있습니다. 북한 체제 선전 활동을 하는 조직입니다.

개프니: 계속 말씀해주시죠.

맥스웰: 통일전선부는 남북한 관계 전반을 다루고 있고 북한의 영향력 확산을 위해 만들어진 조직입니다. 실제 하는 일은 사회 전복 활동에 더 가깝습니다. 그리고 정찰총국이라는 기관이 있습니다. 이는 미국의 중앙정보국(CIA)과 특수부대가 결합한 것과 비슷한 조직이라고 보시면 됩니다. 곳곳에 침투해 여러 작전을 수행하는 조직입니다. 북한의 영향력을 확산시키는 것이 주목적이라고 볼 수 있습니다. 저는 북한 간첩이 미국 내에서 이런 공작을 수행하고 있다는 어떤 증거도 확인하지 못했습니다. 그렇지 않다는 증거도 없지만 말이죠.

개프니: 네, 맞습니다.

맥스웰: 미국 뉴욕에는 북한의 (유엔) 대표부가 있습니다. 저희는 이를 '뉴욕 채널'이라고 부르는데 외교적으로 매우 중요합니다. 이곳에 배치된 북한인들과 접촉하는 미국인들이 있습니다. 흔히 '쓸모 있는 바보들'이라고 불리는 미국인들이 있는 것은 사실이라고 봅니다.

개프니: 네, 맞습니다.

맥스웰: 저는 이 사람들이 선의를 갖고 자신들의 양심에 따라 행동하고 있다고 믿습니다. 또한 저는 이들이 자신보다 더 똑똑한 사람들에 의해 조종될 가능성이 높다고 봅니다. 북한에서 온 사람이 될 수도 있는데 북한에서 오지 않은 것처럼 행세하는 사람도 있을 것입니다. 여러 방법으로 자신들을 포장하고 있습니다. 사람들은 북한을 매우 후진적인 국가라고 생각하는데 사실은 매우 정교하게 활동한다는 것을 알 수 있습니다.

개프니: 네, 맞습니다. 중국과의 관계를 언급하고자 하는데, 이들은 모두 '통일 전선' 활동에 전념하는 것 같습니다.

맥스웰: 네, 모든 공산주의국가들은 비밀리에 '통일 전선' 작전을 수행하고 있습니다.

개프니: 네, 맞습니다. 이들이 짜놓은 각본의 일부죠.

평화 법안에 반대하다

개프니: 또 하나 질문이 있습니다. 이를 (북한의) 작전으로 받아들이실 수도, 받아들이지 않을 수도 있는데요. 저는 작전이 맞다고 생각합니다. 미국 의회에 이른바 '한반도평화법안(H.R.3446)'이 발의됐습니다. 이는 미국을 앞서 언급하신 상황에 처하게 하고 있다고 보는데요. 한반도의 평화에 반대하는 것처럼 보이는 방어적인 입장에서, 북한이 한국을 전복하고 전임 문재인 정권으로 하여금 통일 이후의 문제를 강구하도록 한 것 같습니다.

미군에서 근무하셨고 DMZ 이북에 있는 적들의 본질을 직접 확인하셨을 텐데요. 북한이 언제라도 전쟁에 돌입할 준비가 돼 있다는 것을 알고 계실 것입니다. 또 한 차례의 전쟁이 발발하게 되면 이는 첫 번째보다 훨씬 안 좋은 상황으로 이어질 것입니다. 북한이 보유한 대량살상무기 등 때문인데요. 미국 하원의원 중 일부가 H.R.3446을 지지하고 있는 것을 어떻게 받아들여야 할까요?

맥스웰: 저는 북한이 가장 어려운 목표라고 생각합니다. 가장 이해하기 어려운 국가입니다. 언급했듯 저희는 북한인들에 대한 연구를 하지 않고 있고 이들을 이해하지 못합니다. 또한 일부 의원들처럼 평화라는 의제를 갖고 있는 사람들도 존재합니다.

이들은 평화를 믿고 있는데 안타깝게도 이들은 어떤 대가를 치르더라도 평화를 이뤄내야 한다고 믿습니다. 현재 상황을 위험한 방식으로 접근하고 있는 것입니다. '어떤 대가를 치르더라도'라는 것이 어떤 의미인지를 알아야 합니다. 대가는 피와 보물로 치러질 것인데 저희는 이를 제대로 이해해야 합니다.

제가 말했듯 저희 모두는 평화를 지지합니다. 한반도에 있는 모든 군인과 미군에 복무하고 있는 사람들은 모두 평화를 원합니다. 저는 모든 정치 지도자들이 평화를 원한다고 생각합니다. 하지만 한국의 안전, 혹은 한반도의 대규모 충돌을 평화의 대가로 치를 수는 없습니다.

그렇기 때문에 사악한 김씨 정권의 의도를 정확히 이해해야만 합니다. 한반도를 점령하고 한반도 남쪽의 5200만 국민을 '게릴라 왕조 수용소 국가' 체제의 노예로 만들기 위해 남한을 전복하고 무력을 사용한다는 전략을 가진 북한의 의도를 말이죠.

개프니: 이들이 노예화가 되고 싶은지 아닌지에 대해서는 언급할 필요도 없겠죠. 저는 아프가니스탄에서의 미국의 수치스러운 패배가 야기한 후폭풍이 떠오릅니다. 당신과 같은 많은 이들이 아프가니스탄을 방어하기 위해 놀라운 활동을 해왔음에도 불구하고 말이죠.

이와 같은 비슷한 패배를 초래할 수 있는 이야기를 어떻게 나눌 수 있는지조차 모르겠습니다. 70년간 지속돼 온 끝나지 않는 전쟁을 어떻게 단순한 선언을 통해 끝났다고 밝힐 수 있는지의 문제는 차치하고서라도 말이죠. 물론 이는 바이든 행정부가 아프가니스탄에서 한 행동이고 가장 불행한 결과로 이어지게 됐습니다.

왜 평화를 원한다는 사람들 중에는 이를 무작정 추진하려고 하는 사람들이 있는 것일까요? 아프가니스탄에서 발생한 후폭풍을 보면 이런 일을 다시는 하지 말아야 한다고 생각해야 할 텐데요. 특히 언급하신 것처럼 한반도에서 발생할 위험은 더 크기도 합니다.

맥스웰: 슬프지만 저는 미국이 강대국임에도 불구하고 전략적 취약성을 갖고 있다고 생각합니다. 여러 사안을 분리시키는 것을 잘한다는 것인데요. '아프가니스탄은 아프가니스탄이고, 한국은 한국이다, 두 나라는 다르다'라는 말을 하는 사람들이 있습니다. 상당 부분 사실은 사실이죠.

미국에 대한 위협의 연결고리

맥스웰: 하지만 문제는 미국은 외교 활동, 군사 활동, 그 무엇이 됐든 이를 특정 지역만을 대상으로 진행할 수 있다고 판단하는데 다른 지역에서도 이를 주시하고 있다는 사실을 이해하지 못합니다. 저는 김정은이 아프가니스탄에서 어떤 일이 벌어졌는지를 확인했다고 봅니다. 그가 주의 깊게 본 것 중 하나는 아프가니스탄에서 미국인들이 어렵게 대피하는 것이었다고 생각합니다. 한국에는 수십만 명의 미국인이 거주하고 있고 (유사시) 이들은 대피해야 할 것입니다.

개프니: 이를 지원하는 것을 꺼려할 동맹국들의 행동은 언급할 필요도 없죠.

맥스웰: 역설적으로 한국에는 거의 100만 명의 중국인이 거주하고

있습니다.

개프니: 그렇습니까?

맥스웰: 네, 생각해보십시오. 김정은의 전복 계획으로 대혼란이 발생할 수 있습니다. 김정은이 긴장을 고조시켜 이에 따른 (미국인) 철수 결정이 내려진다고 생각해보십니다. 문제에 직면하게 되는데 아프가니스탄의 경우에는 철수 결정이 너무 늦게 내려졌습니다. 그렇기 때문에 김정은은 미국이 (이번에는) 철수 결정을 빨리 내릴 수 있다고 판단할 수 있습니다. 만약 미국이 미국인 비전투요원 철수 결정을 빨리 내리게 되면 한국의 경제에 타격을 줄 것입니다. 붕괴하게 되겠죠.

개프니: 정말요?

맥스웰: 네, 물론입니다. 안보에 대한 신뢰가 무너질 것이고 미국이 자국민을 대피시킴에 따라 전쟁을 준비하고 있다는 신호를 보내는 것이 되기 때문입니다. 사람들이 은행을 향해 뛰어갈 것이고 한국의 경제는 무너지게 됩니다. 이런 방식의 전복이 이뤄지는 것입니다.

북한은 중국과 러시아와 마찬가지로 미국이 전세계에서 하고 있는 일들을 모두 연구합니다. 북한은 더욱 관심을 기울이고 있고 어떤 이익을 취할 수 있는지를 강구합니다. 하지만 미국은 미국의 행동이 다른 이들에게 어떤 영향을 끼치는지에 대해서는 관심을 갖지 않고 있습니다. 또한 이들 국가들이 미국을 상대로 이를 어떻게 악용하려 할지에 대해서도 말이죠. 이런 문제들을 잘 이해해야 합니다. 어쨌든 처음으로 다시 돌아가게 되는데, 북한의 전략과 목표가 무엇인지를 이해해야 합니다.

개프니: 북한이 중국은 물론, 러시아와 이란으로부터 어떤 도움을 받고 있는지에 대한 이야기를 나누고 싶습니다. 이들 모두 같은 무리의 사람들입니다. 미국과 서방세계에 깊은 적대감을 갖고 있고 저희의 문명과 세계, 그리고 힘을 약화시키려는 공통의 목표를 갖고 있습니다. 당신의 말씀이 맞습니다. 저희는 이런 문제를 무시해서는 안 됩니다.

맥스웰: 이란 문제를 언급해주셔서 감사합니다. 미국의 위협은 크게 다섯 개로 분류할 수 있습니다. 우선 중국과 러시아라는 두 개의 수정주의 국가들이 있습니다. 그리고 북한과 이란이라는 두 개의 불량국가, 그리고 폭력적인 극단주의 세력이 있죠. 이 주요 위협 중 네 개의 연결고리가 북한에 존재합니다. 북한과 이란의 관계는 아직 언급하지 않았었는데요. 이란이 미사일 기술을 어디서 확보하고 있다고 생각하십니까? 이와 관련해 협력이 이어지고 있다고 보는데요. 이스라엘이 1981년 이라크의 원자로, 2007년 시리아의 핵개발 프로그램을 파괴시킨 것에 감사를 보내야 합니다. 그렇다면 북한과 이란 사이에 핵개발을 위한 협력이 이뤄지고 있을까요?

저는 이 질문을 꼭 던져야 한다고 생각하며 이 때문에 한반도가 매우 중요하다는 말씀을 드리고 싶습니다. 언급했듯 중국과 러시아, 북한과 이란 사이의 연결고리가 구축돼 있습니다. 이는 미국을 성가시게 하는 전략적 문제이며 김씨 정권이 권력을 잡고 있는 한 계속 같을 것입니다.

중요한 동맹

개프니: 역사적 사건들과 현안들을 훌륭하게 정리해주셨습니다. 또 하나의 핵심 질문을 드리도록 하겠습니다. 중국이 대만, 나아가 미국을 포함한 미국의 우방국들과 전쟁을 할 준비를 하고 있다는 이야기가 나오고 있습니다. 인도와의 전쟁도 준비하고 있다는 소식도 들립니다.

중국이 이와 같이 두 개의 전선을 형성하는 전쟁을 치른다고 가정해보겠습니다. 그럴 경우 중국이 북한으로 하여금 한국에 공격을 가하는 등의 방식을 통해 주의를 산만하게 하고, 미군을 해당 지역에 묶어두려고 할 수 있다고 보십니까? 미국의 자원은 한정돼 있습니다. 특히 서태평양 지역은 더욱 그렇죠. 이런 시나리오에 대해서도 검토를 해야 한다고 보십니까?

맥스웰: 이는 미국이 냉전 이후부터 해결하려 했던 큰 전략적 문제입니다. 중대한 전쟁이 두 곳에서 펼쳐지는 것을 봤습니다. 미국은 '승리하고 지켜내고, 승리하자'라는 방식으로 접근했습니다. 한 지역에서 발생하는 전쟁에서 먼저 승리를 거두며 다른 지역에서의 전쟁

은 우선 지켜내고 있다가 결국 승리를 이뤄내겠다는 것이었죠. 하지만 북한과 대만의 근접성을 고려하면 한 곳에서 갈등이 발생했을 시 다른 한 곳에서도 갈등이 발생할 가능성이 높습니다.

역사를 되짚어 볼 필요가 있다고 생각합니다. 한국전쟁이 처음 발발했을 때 미국이 한 첫 군사 조치는 맥아더를 한국으로 보낸 것이 아닙니다. 처음으로 한 일은 중국이 1950년 당시 대만과 통일을 하려고 했기 때문에 미 해군 7함대를 대만해협으로 보낸 것이었죠. 바로 그들이 원하는 일이었습니다. 북한을 세운 김일성은 마오쩌둥과 스탈린 모두를 속였고 마오쩌둥이 중국과 대만을 통일시키는 것을 막았습니다.

개프니: 흥미로운 이야기입니다. 제가 모르던 내용이네요.

맥스웰: 역사를 보면 중국의 통일을 막아온 것은 북한입니다. 그렇기 때문에 저는 중국이 전쟁을 준비하게 된다면 북한으로 하여금 모든 방법을 동원해 이에 기여하도록 할 것이라고 봅니다. 중국이 북한을 직접 지휘할 필요가 없을 수도 있습니다. 저는 지금 펼쳐지고 있는 '강대국의 경쟁', '전략적 경쟁'이라는 경쟁 체제에 있어 북한이 하나의 방해 세력으로 참여하고 있다고 생각합니다. 만약 충돌이 발생하게 되면 북한은 계속해서 방해 세력으로 남을 것이고 매우 복잡한 상황에 직면하게 될 수도 있습니다.

이것이 미국이 동맹을 재건하고 강화해야 하는 이유입니다. 미국은 오커스(AUKUS: 미국·영국·호주 안보협의체)를 갖고 있습니니다. 프랑스와 독일, 영국 등 유럽 국가들이 태평양에 해군을 배치하고 있는 것을 보고 있습니다. 저희는 쿼드(Quad: 미국 · 일본 · 호주 · 인도 안보협의체)가 꼭 필요합니다. 미-한, 미-일, 미-호주, 나아가 필리핀과 태국과의 양자 간 동맹이 절실합니다. 이 모든 동맹은 미국의 국가안보와 동맹 파트너 국가의 국가안보에 핵심적인 요소입니다. 이것이 저희가 중국 및 북한과의 전쟁을 억제하는 방법이고, 이에 맞서 싸워 이기는 방법입니다.

개프니: 네, 많은 주제를 잘 요약해주셨는데 감사합니다. 특히 제 머릿속에 남는 것은 조금 전에 언급하신 사안입니다. 미국의 적들만이 아니라 모든 사람들이 저희의 행동을 주시하고 있다는 말씀인데요. 미국의 동맹국도 이를 주시하고 있습니다. 또한 동맹 관계의 중요성에 대해서도 강조해주셨는데요.

문재인 정부 때 그랬듯 동맹에 때로는 제약이 생길 수 있습니다. 미국이 이를 원했기 때문이 아니었습니다. 문재인의 정치 세력이 미국과 거리를 두고 미군이 한국에서 철수하길 원했기 때문입니다.

현재 저희는 아프가니스탄 사태 이후 동맹국들이 미국을 신뢰할 수 있을지 궁금해하는 시점에 처해있습니다. 미국이 이들의 충실한 동맹이 될 것이냐는 점인데요. 또한 미국의 신뢰할 동맹이 되는 것에 따른 위험을 감수할 이유가 있느냐의 문제는 차치하고서 말이죠.

중국공산당의 위협이 고도화되는 가운데 미국은 군사적 위협을 비롯한 다방면의 위협에 직면하게 될 수 있습니다. 한반도에서 활동하는 중국의 대리국가인 북한에 의한 위협이 될 수도 있죠.

미 육군에서 국가를 위해 복무해주신 당신에게 감사하다는 말을 전하고 싶습니다. 또한 민주주의수호재단에서 당신의 경험을 바탕으로 한 통찰력으로 현재 저희가 어떤 문제에 관심을 가져야 하는지를 알려주셔서 감사합니다. 말씀하셨듯 이에 대한 관심을 가져야 할 때라고 생각합니다. 오늘 이런 중요한 주제에 대해 이야기를 나누게 돼 영광이었습니다.

데이비드 맥스웰 후기

억제력의 가장 중요한 요소 중 하나는 준비 태세이며 이를 갖추기 위해서는 훈련이 필요하다. 트럼프가 북한으로부터의 어떤 보상도 없이 한미군사훈련을 중단한 이후부터 5년간, 한미동맹의 연합훈련은 코로나19 등의 이유로 중단되거나 연기, 혹은 축소됐다. 준비 태세가 약화됐다. 하지만 윤석열 대통령의 당선에 따라 이에 대한 상황이 바뀌고 한미동맹의 연합훈련이 활성화되기를 기대한다.

외교적 합의를 위해 군사훈련을 맞바꿔야 한다고 주장하는 사람들은 우크라이나에 있는 러시아인들의 상황을 보기 바란다. 형편없는 지도력과 형편없는 훈련을 받은 군대가 어떤 상황에 처해지는지를 볼 수 있다. 러시아군은 심각한 손실을 겪고 있을 뿐만 아니라 끔찍한 인권 유린 행위 및 전쟁범죄를 저지르고 있다.

구소련의 방식에 기반을 두고 러시아군이 여전히 사용하는 소련제 무기로 무장한 북한 인민군이 전쟁터에 나가 어려움을 겪게 되면, 이들의 모델이 된 (러시아) 군대가 했듯 인권 유린 행위를 저지를 것이라는 점을 예상해볼 수 있다. 군사훈련을 축소하자고 주장하는 사람들에게는, "러시아처럼 되지 말자"는 말로 대응해야 한다.

프랭크 개프니의 요약

미국 특수전사령부 대령 출신이자 민주주의수호재단의 선임연구원으로 활동하는 데이비드 맥스웰과 흥미로운 대화를 나눌 수 있어 기뻤다. 대담에서 나온 내용 중 중요한 부분을 정리해보려고 한다.

우선 맥스웰은 왜 한반도가 미국에 중요한지에 대해 설명했다. 한반도에서 새로운 충돌이 발생하면 미국 및 자유세계의 번영과 안전을 위한 세계 공급망, 시장, 군사 태세 등에 엄청난 영향이 발생하게 된다. 제2차 한국전쟁이 발발하면 난민과 추가 공격 가능성으로 인해 미국의 역내 동맹국들이 직접적인 영향을 받게 된다. 북한은 상당한 양의 핵무기를 보유하고 있고 이를 증가해나가고 있는데 이는 충돌이 발생했을 때 생길 위험을 높이는 일이다.

맥스웰은 이런 대규모 경제 및 안보 위협, 북한의 끔찍한 인권 유린을 막는 유일한 영구적 해결책은 자유민주주의 체제하에 한반도가 통일되는 것이라고 했다. 그러나 한국의 전임 정권은 김정은이 원하는 방식의 통일을 추구하며 북한을 달래는 방식의 접근법을 택하려 했던 것으로 보였다.

이런 태도는 문재인 전 대통령이 갖고 있는 근본적인 오해와 김씨 정권에 대한 동정심을 반영하는 것이라 할 수 있다. 이는 미국을 한반도 평화의 장애물로 보는 그의 좌파적 시각의 산물이었다. 주한

미군 철수를 통해 '적대 정책'을 끝내라는 김정은의 요구에 문재인 전 정권이 응하려고 한 이유는 위와 같이 설명할 수 있을 것이다.

더 불길한 문제는 맥스웰이 언급했듯 김정은 정권이 수십 년간 이어져 온 무력을 통한 한반도 통일이라는 목표를 포기했다는 그 어떤 증거도 없다는 점이다. 북한은 오히려 그 오랜 시간을 한국을 전복시킬 정치적 전장(戰場)을 만들고 군대를 구축하는 데 사용해 왔다.

그럼에도 불구하고 최고위급 탈북자가 말했듯 북한은 미국의 지원이 있는 한 한국과의 전쟁에서 이길 수 없다는 것을 알고 있다. 이에 따라 주한미군 철수에 대한 김정은의 고집, 그리고 한국과 한국인을 위험에 빠뜨리는 일을 집권 당시 하려 한 문재인의 위험성이 부각되고 있다.

맥스웰은 바이든 대통령 시절 일어난 아프가니스탄에서의 굴욕적인 패배를 계기로 한국과 북아시아에서 미국이 더욱 강력한 정책을 펼 필요가 있다고 강조했다. 역내 안정 및 국제적 안전뿐만이 아니라 자유세계의 적들로 하여금 미국이 쇠퇴하고 있는 강대국이 아니라는 점을 보여줄 필요가 있다. 또한 미국의 동맹국들에 미국이 신뢰할 수 있고 능력이 있으며 단호한 파트너로 남아 있다고 설득할 수 있어야 한다.

다음 장에서는 레이건 행정부 이후의 핵전략에 대한 분석을 다룰 예정이다. 로버트(밥) 조셉 전 국무부 차관과 함께 국제적 핵 현안과 관련해 최고위급에서 어떤 정책 결정이 이뤄졌는지를 살펴본다. 제2차 세계대전을 끝내기 위해 히로시마와 나가사키에 취했던 핵 활동이 과거의 일로 사라져가는 가운데, 현재의 핵 전선에서 발생하고 있는 중대한 문제들을 파헤쳐 본다.

LIVING WITH

DICTATORS

By Bob Joseph

군축의 성공과 실패

11

로버트 조셉

지인들 사이에서는 '밥(Bob)'으로 불리는 로버트 조셉은 국립공공정책연구소 선임연구원이자 미주리대학교 교수이다.

조셉 박사는 워싱턴 DC 소재 국방대학교의 확산연구센터를 설립하고 해당 센터의 소장을 지냈다. 그는 시카고대학교에서 석사, 컬럼비아대학교에서 박사 학위를 받았다.

그는 2001년부터 2004년까지 (백악관) 국가안보회의(NSC) 소속으로 대통령 특별보좌관을 지냈으며 확산 전략, 확산 방지, 본토 방어 등을 담당하는 부서를 이끌었다. 그는 (백악관) 국가안보보좌관의 감독하에 미국에 대한 대량살상무기의 위협을 막고 이를 방지하는 전략과 정책을 개발하고 조율했다.

그는 2005년부터 2007년까지는 (국무부에서) 군축 담당 차관으로 근무했으며 비확산 담당 특별대사를 지냈다. 당시 그는 확산 문제, 군축 문제, 무기 이전, 역내 안전 및 안보 지원 등의 업무를 총괄했으며 관련 사안을 국무부장관에게 직접 보고했다.

개요

핵무기는 2차 세계대전 당시 일본의 히로시마와 나가사키에 사용된 이후 군축 협상에 있어 항상 최우선 과제로 다뤄졌다. 더 강력한 핵무기의 사용으로 인해 인류가 자멸하게 되는 것을 막기 위해 국가 간 최고위급의 논의가 이어졌고 이는 성공과 실패의 사례로 나눠진다.

오늘날의 우려 대상은 핵무기를 고도화할 뿐만 아니라 대량살상무기를 운반하는 최신식 장거리 미사일 체계를 계속해 확대하고 있는 불량국가 북한에 집중돼 있다. 북한은 현재 일본과 한국과 같은 이웃국가를 파괴할 수 있으며 계속해서 대륙간탄도미사일(ICBM) 기술을 고도화하면 미국 본토에도 공격을 가할 수 있을 것이다.

이런 상황에서, 리비아와 이란, 북한 등 정권이 전세계를 위협했을 무렵 미국 정부에서 이를 통제하는 노력을 담당했던 로버트 조셉의 이야기를 들어볼 필요가 있다. 그는 확산 문제와 핵무기 사용 가능성이라는 문제가 여러 국가에서 어떻게 진행됐는지를 직접적인 경험을 바탕으로 설명한다. 전통적인 외교 방식과 현장에서 진행된 비전통적인 방식으로 핵 재앙의 문턱을 벗어나려 했던 날들의 이야기가 소개된다.

로버트 조셉은 오랜 동료인 프랭크 개프니와의 대담에서 세계 정치 현황에 대한 그의 분석을 소개한다. 이들은 레이건 행정부 당시 미국 정부에서 국방 문제를 함께 다뤘으며 40년간 알고 지내왔다.

지금부터 프랭크 개프니와 로버트 조셉의 대담 내용을 소개한다. 이는 2022년 5월 15일 미국과 영국을 비롯한 전세계에 실시간 라이브(www.NTD.com/LIVE)로 송출된 NTD 방송을 통해 소개된 바 있다. 해당 시리즈의 제목은 '살아 있는 현안(Issues Alive)'이었다.

로버트 조셉과의 대담

한반도의 핵 비밀

프랭크 개프니(이하 개프니)**:** 저는 프랭크 개프니입니다. 또 한 차례의 '살아 있는 현안' 방송을 진행하게 돼 기쁩니다. 마땅히 받아야 할 관심을 받지 못하고 있는 중요한 주제에 대한 이야기를 나눠볼 텐데요. 이는 많은 사람들의 삶에 영향을 끼칠 사안들이고 매우 위험한 일이 될 수 있을 것입니다.

이 책은 북아시아 현안과 중국공산당 문제, 그리고 북한이 왜 중국의 대리국가인지에 대한 사안에 초점을 두고 있습니다. 많은 사람들이 생각하듯 북한 정권은 또 하나의 끔찍한 전체주의적 공산주의 국가입니다.

핵무기 프로그램이라는 북한 정권의 군사 역량 중 가장 위험한 무기 체계에 대해 논의하기 위해 이 분야의 최고 전문가 한 분을 모셨습니다. 로버트 조셉인데요. 저와 그는 레이건 행정부 당시 캐스퍼 와인버거 (국방부장관) 밑에서 함께 근무했었습니다. 그는 이후에도 국무부와 (백악관) 국가안보회의 등에서 요직을 맡았었습니다.

그는 미국 정부를 대표하여 일련의 고위급 외교 활동에 참여했는데 핵 역량을 가진 정부로 하여금 이를 포기하도록 하는 주제가 포함돼 있었습니다. 북한의 핵위협과 관련해 저희가 무엇을 해야 하는지, 그리고 만약 그렇게 하지 못한다면 어떤 상황이 발생할지에 대해 논의해보려고 합니다. 오늘 나와주신 점, 일생을 국가를 위해 헌신하며 쌓은 통찰력을 공유해주시는 것에 우선 감사드립니다.

로버트 조셉(이하 조셉)**:** 초대해주셔서 감사합니다. 함께 하게 돼 기쁩니다.

개프니: 네, 감사합니다. 우선 북한에 대한 이야기를 나눠보려고 합니다. 북한은 폐쇄된 국가입니다. 폐쇄적이라고 하는 것은 절제된 표현이라고 생각합니다. 군사 역량에 대해서는 더욱 비밀스러운데요. 후진적이고 가난한 북한이라는 나라가 어떻게 핵 역량을 갖춘 나라가 됐다고 생각하십니까?

조셉: 북한은 핵무장국가가 됐습니다. 수십 년에 걸쳐 핵 역량을 강화해왔습니다. 처음에는 플루토늄 방식을 추진했습니다. 소련으로부터 제공받은 원자로에서 연료를 재처리하는 방식으로 말이죠.

개프니: 초창기 때의 이야기인데요, 1960년대 때의 이야기죠?

조셉: 네, 맞습니다. 중국으로부터도 핵 프로그램과 관련한 상당한 지원을 받았습니다. 이후 플루토늄 방식에서 우라늄 농축 방식으로 나아가게 됐습니다. 또 다른 핵확산 국가인 파키스탄으로부터도 상

당한 지원을 받았습니다.

개프니: A.Q. 칸의 이른바 핵 시장을 통해서 말이죠?

조셉: 그(칸)는 북한과 미사일 및 우라늄 농축 기술을 적극적으로 거래했습니다. 리비아와 같은 국가들과도 마찬가지였죠.

개프니: 중국공산당이 이(칸과 북한의 커넥션)를 알고 있었고 이에 대한 승인 아래 이뤄진 것이라고 할 수 있을까요?

조셉: 중국이 당연히 알고 있었다고 봅니다. 저는 중국이 미국보다 북한에서 일어나고 있는 일에 대해 훨씬 더 많이 알고 있다고 생각합니다. 저희는 북한의 대량살상무기 프로그램에 대해서는 잘 알지 못하고 있습니다. 북한은 생화학무기 역시 보유하고 있기 때문인데요.

미국은 북한의 생화학무기에 대해서는 북한의 핵무기보다 더 모릅니다. (핵무기에 대해서 조금 더 알고 있는 이유는) 과거 국제원자력기구(IAEA) 사찰단이 북한을 찾았던 적이 있었기 때문입니다. 북한은 물론 사찰단을 가지고 놀았고 이들이 원할 때에 따라 사찰단을 불러들이고 쫓아내곤 했습니다.

개프니: 사찰단에게 어떤 것은 보여주고 어떤 것은 보지 못하게 했었죠.

조셉: 네, 물론입니다.

북한과 이란의 커넥션

개프니: 이란과 같은 나라들도 이렇게 핵을 가지고 장난을 쳤습니다.

조셉: IAEA는 정보 담당 기구가 아니라 감시 기관입니다. IAEA는 자신들을 초청한 국가가 보여주고 싶은 것만을 보게 됩니다.

개프니: 제가 이란을 언급한 이유는 이란이 북한 핵무기 프로그램에 있어 핵심 동맹국인 것으로 보이기 때문입니다. 이에 대한 이야기를 들려주시기를 바랍니다. 이란이 북한을 돕는 것인지, 북한이 이란을 돕는 것인지를 잘 모르겠습니다. 어떻게 보십니까?

조셉: 저는 서로에게 이익이 되는 관계라고 생각합니다. 북한은 이란에 상당한 수준의 탄도미사일 기술을 전달했습니다. 북한은 실제로 탄도미사일을 이란에 판매하기도 했고 이 두 나라의 관계는 수년간 매우 가까웠습니다. 저희는 북한과 이란이 핵과 관련해서도 밀접한 관계를 갖고 있다고 보고 있습니다.

개프니: 이란 사람들이 북한의 핵실험을 직접 참관했다는 의혹도 있는 것으로 알고 있습니다. 이런 협력을 통해 얻는 이익이 무엇이 있을까요? 확산이라는 표현이 자주 사용되고는 하는데 실제로는 어떻

게 이뤄지고 있는 것입니까? 이렇게 위험하고 복잡한 무기를 보유하겠다는 야망을 실현하는 측면에서 말이죠.

조셉: 일반화해서 말하자면, 이란은 북한에 자금과 자원을 지원하고 북한은 이를 핵과 미사일 프로그램 개발에 사용합니다. 이란은 이에 따른 대가로 관련 기술 및 기본적인 미사일을 얻게 되는 것입니다.

개프니: 핵무기에 대해서도 상당한 지식을 얻게 되겠군요.

조셉: 핵분열 물질을 어떻게 무기로 만들고 이를 어떻게 고도화할 수 있는지에 대해 배우게 되겠죠.

개프니: 현금을 거둬들이는 북한의 핵심 수출 상품이 대량살상무기를 비롯한 무기라고 말하는 것은 과장일까요?

조셉: 북한은 미사일 확산의 핵심에 있었고 오랫동안 미사일 수출을 통해 돈을 벌어온 것이 확실합니다.

개프니: 네, 맞습니다.

조셉: 현금을 벌어들이는 하나의 상품이라는 말씀을 하셨는데요. 북한은 딱히 수출할 만한 물건을 갖고 있는 것이 거의 없습니다. 북한은 핵기술도 수출하고 있습니다. 이스라엘이 시리아에 건설되고 있

던 원자로를 파괴한 것을 통해 알 수 있었습니다. 시리아는 플루토늄을 생산할 수 있는 원자로를 구매했고 이는 실제 핵무기 프로그램 개발에 사용될 수 있었습니다.

개프니: (시리아에 건설되고 있던 원자로는) 북한 영변 핵시설의 복제품이었죠?

조셉: 네, 맞습니다. 북한은 이런 시험용 원자로를 갖고 있었습니다.

북한의 파괴력 강화

개프니: 1960년대부터 (핵개발이) 시작됐다고 하셨는데, 북한 정권은 여러 방법을 통해 상당한 기술 지원을 받은 것 같습니다. 북한의 핵무기 프로그램이 실제로 어느 정도에 도달했는지에 대해서는 잘 알지 못하고 있는데요.

핵문제를 조금 더 다뤄보도록 하겠습니다. 북한 정권이 이미 손에 보유하고 있는 무기의 규모 및 파괴력이 어느 정도에 달한다고 보십니까?

조셉: 제가 최근 확인한 추정치에 따르면 북한은 최소 50개의 핵무기를 보유하고 있습니다. 50개에서 60개 정도의 핵무기를 갖고 있는 것인데 플루토늄탄과 우라늄탄을 모두 포함한 수치입니다. 또한 북한이 대륙간탄도 방식의 운반체계를 갖추기 위해 오랫동안 노력해

왔다는 것을 알고 있습니다. 이는 미국의 도시를 협박과 강요를 통한 인질로 삼기 위해서인데요, 북한은 이에 있어 꽤 성공적이었습니다.

북한은 이런 역량을 완성하는 데 수십 년이 걸렸습니다. 저는 북한이 이 시간을 매우 효율적으로 활용해 관련 기술을 개발했다고 생각합니다. 북한은 중거리탄도미사일에 핵탄두를 탑재할 수 있는 역량도 보유하고 있습니다. 이는 미국의 동맹인 일본과 한국을 핵무기로 공격할 수 있다는 것을 의미합니다.

개프니: 미사일에 탑재하기 위해 필요한 핵탄두의 소형화에 성공했는지 여부는 불확실한 것으로 알고 있습니다. 어떻게 생각하십니까?

조셉: 제 생각을 말씀드리자면, 저희는 수년에 걸쳐 북한이 소형화에 성공할 수 없을 것이며 (미사일의) 대기권 재진입 기술을 개발할 수 없을 것이라고 해왔습니다. 저는 왜 그렇게 생각하는지 잘 모르겠습니다. 북한은 이를 해냈다는 것을 보여주지 않았을 뿐인데 말이죠.

개프니: 북한이 이를 보여줬다면 꽤 불편한 상황이 됐겠군요.

조셉: 네, 만약 그랬다면 북한의 핵프로그램을 끝내기 위한 협상을 하는 것을 더욱 어렵게 만들었을 것입니다.

중국의 개입

개프니: 제가 논의하고 싶었던 다음 주제로 이어지게 되는데요. 여러 요직을 맡으셨는데 조지 W 부시 행정부 당시에는 국무부 차관으로서 군축 문제를 다루셨습니다. 미국 정부가 북한의 핵무기 프로그램을 통제하고 억제하며 폐기하기 위해 노력하는 과정에서 중요한 역할을 맡으셨습니다.

북한의 역량을 과소평가하고 있다는 점, 나아가 중국으로 하여금 북한의 역량을 통제하는 것을 돕도록 할 수 있다는 생각에 대해서는 어떻게 보십니까? 제가 앞서 언급했고 이를 확인해주셨는데, 중국이 애초에 북한으로 하여금 이런 역량을 갖추도록 만들었다는 것입니다. 왜 중국이 북한 문제를 해결하는 데 있어 미국의 신뢰할 수 있는 파트너가 될 수 있다는 생각을 갖게 된 것입니까?

조셉: 여전히 이런 생각이 존재합니다. 공화당과 민주당 정권을 막론하고 중국이 핵심 역할을 할 수 있다는 일관된 생각이 있어 왔습니다. 중국이 북한의 생명줄인 것은 맞습니다. 하지만 중국은 북한이 핵무기 프로그램을 중단하도록 하기 위해 상당한 압박을 가할 의지가 있다는 점을 보여준 적이 없습니다. 한 번을 제외하고는 말이죠. 중국은 다른 여러 문제들을 갖고 있습니다. 중국에는 다른 우선 과제들이 여럿 있는 것입니다. 저는 (북한의) 비확산 문제가 중국의 우선과제 3~4위, 혹은 10위 안에도 들지 않는다고 생각합니다.

개프니: 네, 맞습니다. 저는 중국의 입장에서는 한국과 일본, 미국 등을 괴롭힐 수 있는 (북한과 같은) 불량아를 갖고 있는 데 더 관심이 있는 것 같습니다. 만약 이런 불량아가 핵무기로 무장하기까지 했다면 말이죠. 중국이 국경을 맞대고 있는 지역의 불량국가가 핵무기를 갖는 것을 원하지 않았을 수는 있지만 현재는 이에 익숙해진 것으로 보입니다. 중국은 북한에 대한 통제권을 행사할 수 있다고 느끼는 것 아닙니까?

조셉: 저는 중국이 북한에 대한 충분한 수준의 통제권을 갖고 있다고 생각하는지는 잘 모르겠습니다. 과거 사례를 보면 북한은 이들 핵무기 프로그램에 대한 중국의 압박에 대항하는 모습을 보여줬습니다. 2006년 1차 핵실험 때의 이야기를 하자면, 중국은 북한이 핵실험을 하는 것을 원하지 않았지만 북한은 이를 감행했습니다. 이때가 바로 북한에 실질적인 제재를 가하는 (유엔) 안보리 결의에 중국이 참여했을 때입니다. 이게 제가 앞서 말한 (중국이 북한 핵 프로그램 개발에 압박을 가한) 한 번의 사례입니다.

저는 중국의 생각을 바꾼 것은 미국의 정책이었다고 확신합니다. 부시 대통령은 제가 국무부 재직 당시 했던 것처럼 압박을 가하는 것이 아니라 북한과의 협상을 촉진하기 위해 압박을 완화하겠다는 결정을 내렸습니다. 협상이 미국의 전략이 된 것입니다. 외교가 전략으로 대체된 것입니다. 그리고 이는 실패했습니다.

개프니: 계속해서 실패했다고 말할 수도 있을 것 같습니다.

조셉: 물론입니다. 부시 행정부 이전에도 실패했고 이 이후에도 실패했습니다.

리비아의 비핵화

개프니: 네, 트럼프 행정부 때의 이야기를 하려고 했는데 이에 앞서 부시 행정부에서 근무하셨으니 당시의 이야기를 조금 더 들어보도록 하겠습니다. 국가안보회의 선임국장으로 근무하시며 여러 비핵화 프로젝트에 참여하셨습니다. 리비아 사태 당시의 상황, 무아마르 카다피의 핵 역량을 어떻게 비핵화하는 데 성공했는지에 대해 듣고 싶습니다.

조셉: 2003년 3월의 상황으로 돌아가 봐야 합니다. 당시 리비아는 영국 정보당국을 통해 미국 정보 당국자들에게 접촉했습니다. 리비아는 핵무기 프로그램을 포함한 대량살상무기 프로그램과 관련해 상황을 명확하게 하고 싶다고 했습니다.

개프니: 이에 대한 이야기를 하기 전에 언급하고 싶은 것이 있는데요. 이로부터 한두 달 전에 다른 일이 일어났던 것 같은데 아닙니까? 이라크에서 발생한 일인데요. 이라크 문제가 2003년 3월 일어난 일에 영향을 끼쳤습니까?

조셉: 2003년 3월 당시 미국은 역내에 군사력을 증강하고 있었습니

다. 수십만 명의 병력을 걸프 지역으로 나르고 있었고 이는 카다피의 머릿속에 맴돌았을 것입니다. 이는 확실합니다. 리비아와의 협상에 있어 일관적으로 나온 이야기는 카다피가 제2의 사담 후세인처럼 되고 싶지 않다는 것이었습니다. 미군의 영향력, 2003년 이라크군에 대한 미군의 승리가 명확한 인센티브를 준 것이었습니다. 이렇게 리비아와의 협상이 진행됐습니다.

협상은 비밀리에 이뤄졌다는 점에서 독특했습니다. 국무부와 국방부가 갖고 있는 정보들이 많이 사용되지도 않았습니다. 그럼에도 리비아로 하여금 핵무기 프로그램을 갖고 있다는 사실을 인정하도록 했습니다. 또한 이들은 큰 배 한 척에 모든 것을 실어 미국으로 보내겠다고도 했습니다. 실제로 그렇게 했었죠. 리비아의 장거리 스커드미사일도 얻게 됐는데 이는 일종의 보너스였습니다.

개프니: 미국 정부가 평소 해온 방식과는 다른 방식이었는데요. 말씀하신 것처럼 (이 협상은) 분리돼서 진행됐습니다. 국무부도 개입하지 않았던 것 같은데, 실수로 그렇게 된 것이 아니었죠?

조셉: 네, 아닙니다. 부시 대통령의 의도적인 행동이었습니다. 만약 카다피와 협상을 하고 있다는 정보가 유출되면 카다피가 저희가 원하는 일을 하지 못하게 될 가능성이 있었습니다. 저는 이 협상을 이끌라는 지시를 받았었는데 당시에는 물러설 수 있는 옵션이 하나도 없었습니다.

개프니: 딱 하나의 임무를 갖고 있었던 것이군요.

조셉: 네, 하나의 임무였습니다. 리비아로 하여금 비핵화하도록 하는 것이었습니다.

개프니: 그리고 이를 달성해내셨는데요. 당신은 현장을 실제로 방문해 사찰을 진행하는 등 군축 관련 일을 오랫동안 해오셨습니다. 미국은 이런 정권들과 실제로 협력해 일을 진행해왔습니다. 반면 IAEA는 바보 같은 일을 해왔고 속아 넘어가는 경우가 많았습니다. 이들이 무언가를 발견해낼 수는 있었겠지만 이는 이들에게 (해당 국가가) 보여주고 싶었던 것만 보는 것이었습니다.

문제가 많았던 정권인 리비아를 비핵화하는 데 성공하셨는데 어떤 판단이 서게 됐습니까?

조셉: 중요한 일이었다고 생각하는데 잠깐 트럼프 행정부의 이야기를 하고자 합니다. 이 문제에 대해 이야기하기를 원하셨던 것 같은데요.

핵무기를 포기할 것인가 보유할 것인가?

조셉: 리비아 문제에 있어서는 크게 두 개의 상충되는 모델이 있습니다. 하나는 2003년에 만들어진 모델입니다. '모든 것을 포기하라, 모든 프로그램을 중단하라, 우리가 들어갈 수 있도록 하라, 우리가

계속해서 검증하고 감시할 수 있도록 하라, 이에 따라 제재 완화 및 정치적 정당성이라는 대가를 받게 될 것이다'라는 모델입니다. 조지 부시 대통령이 만든 모델이었죠. 대량살상무기 프로그램을 포기하면 관계를 정상화하겠다는 것이었습니다. 리비아는 이를 간절히 원했습니다. 왜냐하면 리비아는 (정치적) 정당성을 갖고 싶었고 석유 산업 개발을 위한 첨단 기술을 갖고 싶어 했기 때문입니다.

그리고 또 하나의 모델이 있는데 이는 북한이 강조하는 내용의 모델입니다. 핵무기를 포기하면 카다피처럼 죽게 된다는 것입니다. 이는 2003년에 만들어진 모델이 아닙니다. 2011년 오바마 행정부 당시 힐러리 클린턴 국무장관이 카다피에 저항하는 내전에 개입하기로 결정하면서 만들어졌습니다.

개프니: 완전히 다른 방식의 모델이군요. 과거 저지른 실수로 인해 여전히 대가를 치러야 하게 되는 사안들에 대한 이야기를 이어가면 흥미로울 것 같습니다. 그전에 잠시 북한 문제로 돌아가 보겠습니다. 북한은 핵무기를 포기하지 말아야 하는 이유를 리비아 모델에서 찾는 것 같은데요.

당신은 트럼프 행정부가 북한에 이 모델을 택하도록 요구하려고 한 것에 비판적이었던 것으로 알고 있습니다. 처음부터 오해가 있었던 것은 아닌지, 제대로 된 접근법을 택하지 못한 것인지, 북한은 핵 역량을 정권 생존의 핵심으로 보기 때문에 잘못된 것인지 궁금합니다. 이 책에 소개된 다른 전문가들은, 북한의 핵 프로그램은 북한이 최우선시하는 사안이라는 점을 착각해서는 안 된다고 말했는데요.

조셉: 북한은 핵무기 프로그램을 포기하겠다는 의지, 이에 대한 진정한 의지를 한 번도 보여준 적이 없습니다. 6자회담 등을 통해 협상에 나선 적은 있지만 선의를 갖고 협상에 임하지는 않았습니다.

개프니: 중국도 참여했던 회담이었죠?

조셉: 네, 맞습니다. 미국은 협상 과정에서 계속 미국이 북한에 무언가를 협상 카드로 제시할 수 있다고 믿습니다. 중유가 됐든, 해변의 콘도가 됐든 말이죠.

이런 보상을 하게 되면 북한이 핵무기를 포기할 것이라는 희망이 있는 것입니다. 제 생각에 북한은 이를 절대 포기하지 않을 것입니다. 북한 정권은 핵무기 프로그램을 절대 포기하지 않을 것입니다. 이는 북한이 핵무기를 미국이나 한국의 북침을 억제하는 수단으로 보기 때문만이 아닙니다. 저는 판타지라고 생각합니다.

저는 북한이 핵무기를 미국을 억제하는 수단으로 생각한다고 봅니다. 만약 북한이 한반도를 무력으로 통일하려고 한다면 미국(의 개입)을 어떻게 막을 수 있을까요? 북한은 아마 미국을 억제할 수 있을지도 모릅니다. 미국의 도시 대여섯 개, 혹은 열 개를 인질로 잡고서 말이죠. 저는 북한이 핵 역량을 갖추고 있는 핵심 이유가 여기에 있다고 봅니다.

이와는 다른 동기도 있습니다. 하나는 핵무기가 북한의 위신을 세우는 일이기 때문일 것입니다. 다른 여러 동기가 있겠지만 저는 미국을 억제하는 것이 핵심이며 사람들이 이를 쉽게 잊어버린다는 말을 하고 싶습니다. 북한이 전통적인 방식으로 남침을 하지 않을 것이라는 이야기를 하는 사람들이 많습니다. 저는 북한이 전통적인 방식으로 남침을 하면 패배할 것을 알고 있다고 봅니다. 그렇기 때문에 생화학무기가 중요한 역할을 하게 되는 것입니다.

개프니: (전직) 고위급 협상가이자 외교관, 국방, 국가안보회의 당국자로서 북한으로부터 직면하고 있는 도전과제에 대한 차별화된 분석을 들려주셨다고 생각합니다.

다음 장에서 더 많은 이야기를 나눠보도록 하겠습니다. 북한은 잠수함발사탄도미사일(SLBM)을 보유하고 있고 극초음속미사일도 보유했을 가능성도 제기되고 있는데, 이와 관련해 어떤 접근법을 택해야 할지 들어보도록 하겠습니다.

조지 부시 행정부에서 국무부 차관을 지낸 로버트 조셉께 다시 한 번 감사를 드립니다. 다음 장에서는 핵으로 무장한 전체주의적이고 끔찍한 탄압 정권이 끼치는 위험을 어떻게 다뤄야 할지를 논의해 보겠습니다. 이 정권이 끼치는 위협은 한반도의 주민뿐만 아니라 저희 모두에게도 해당된다고 생각합니다.

로버트 조셉 후기

2022년 우크라이나 사태 이후 군축 문제 해결을 위한 시급성이 다시 대두되고 있다. 어느 순간부터 교전에 관한 국제 규범이 더 이상 적용되지 않게 됐다. 세계 최고 강대국 중 하나인 러시아는 어떤 규칙도 따르지 않겠다는 방식으로 행동하고 있고 이런 행동에 대한 명확한 해결책이 없는 것 같다. 푸틴 대통령은 핵공격 옵션도 불사할 수 있다는 암시를 했다.

리비아의 핵포기 결정, 이란 핵합의, 핵무장한 불량국가 파키스탄과 북한에 대한 봉쇄 등 과거의 모든 성과들과는 다른 방식의 일들이 이어지고 있다.

핵 역량의 지속적 확산을 막는 새로운 패러다임이 강구돼야 한다. 북한 및 다른 불량국가들은 푸틴의 행동에 의해 더욱 대범해졌고 세계를 파괴시키겠다는 방향으로 나아갈 수 있다. 누가, 어떻게 이들을 막을 것인가?

우울한 전망이긴 하지만, 너무 늦기 전에 해결책을 찾아야만 한다.

프랭크 개프니의 요약

로버트 조셉은 미국 정부에서 활동하며 경험한 일을 소개했는데 독자들은 읽으며 소름이 끼쳤을 것이다. 그의 이야기는 전세계적으로 핵 역량이 확장되고 있는 것을 막아야 하는 심각성을 보여준다.

리비아에서 카다피가 그의 모든 무기 프로그램을 포기하도록 만든 조셉의 경험담을 읽은 독자들은 책을 내려놓기 어려웠을 것이다. 이와 같은 중대한 사건들은 오랫동안 계획된 전략이 아니라 단순한 우연으로 발생하곤 한다.

그렇다면 다음은 누구일까? 북한, 이란, 파키스탄, 중국, 러시아,

그리고 인도와 같은 나라들을 고려해볼 수 있다. 1945년 히로시마와 나가사키의 원자폭탄 투하가 과거의 일이 돼가는 가운데, 이들 국가의 지도자들의 (핵무기 사용에 대한) 도덕적 인식이 줄어들고 있다. 영향력 있는 위치에 있는 사람들 중 당시 사건에 대한 연관성을 갖고 있는 사람들이 계속 줄어들고 있으며 핵공격이 어떤 결과를 초래할 것인지에 대한 인식을 못 하게 되고 있다.

로버트 조셉은 전세계의 핵문제에 대한 포괄적인 이해를 갖고 있는 드문 지식인 중 한 명이다. 핵문제에 있어 중요한 국가들을 여럿 방문했다. 이 국가들은 물론, 오늘날의 핵무기 지형을 형성한 핵심 인물들을 직접 상대한 경험이 있다. 그를 통해 이 현안에 대한 지혜를 얻고 매우 명확하며 균형적인 분석을 들을 수 있는 것은 행운이다.

LIVING WITH
DICTATORS

By Bob Joseph

끝이 없는 전쟁게임

12

개요

핵군축 전문가인 로버트 조셉은 다른 국가에 의해 대량살상무기가 개발되고 미국이 이에 따른 위협에 처해있을 당시 미국 정부에서 안보 문제를 직접 다룬 인물이다.

(대담에서는) 북한의 증강되는 핵무기의 문제를 전면적으로 해결하고 불량국가의 핵무기 보유로 야기된 교착상태를 해결할 방안들이 논의됐다. 이 문제를 트럼프 행정부와 클린턴 행정부가 어떻게 접근했는지도 다뤄졌다.

로버트 조셉은 김정은 정권이 미사일 운반 체계를 어떻게 고도화했는지를 설명하며 미국의 동맹들이 북한의 위협을 직시, 이에 대한 정교한 전략을 개발해야 한다고 강조했다.

지금부터 프랭크 개프니와 로버트 조셉의 대담 내용을 소개한다. 이는 2022년 5월 22일 미국과 영국을 비롯한 전세계에 실시간 라이브(www.NTD.com/LIVE)로 송출된 NTD 방송을 통해 소개된 바 있다. 해당 시리즈의 제목은 '살아 있는 현안(Issues Alive)'이었다.

로버트 조셉과의 대담

북한의 놀라운 무기고

프랭크 개프니(이하 개프니)**:** 저는 프랭크 개프니입니다. 제가 40년간 알고 지낸 최고의 국가안보 전문가 중 한 명과의 대담을 진행하게 돼 기쁩니다. 오늘의 게스트는 로버트 조셉인데요. 그는 레이건 행정부의 국방부부터 백악관의 국가안보회의까지 다양한 요직을 거친 인물입니다. 대사직도 맡았고 국무부에서 군축 담당 차관을 지내기도 했습니다.

그는 여러 군축 활동에 참여했고 대량살상무기 확산 문제를 다뤘습니다. 미국 정부가 수십 년간 여러 대통령하에서 어떤 일을 진행해왔는지를 잘 설명해줄 수 있는 분입니다. 대다수 경우는 성공하지 못하기도 했습니다. 특히 북한 문제가 그렇다고 생각합니다.

최근 새롭게 진행되고 있는 이야기로 대화를 시작해보려고 합니다. 개인적으로 저는 최근 있었던 북한의 잠수함발사탄도미사일(SLBM) 발사를 보고 놀랐습니다. 북한이 가하는 위협이 새로운 수준에 도달했다는 뜻 아닙니까?

로버트 조셉(이하 조셉)**:** 네, 맞습니다. 오늘 초대해주셔서 감사합니다.

개프니: 네, 나와주셔서 감사합니다.

조셉: 북한은 핵 역량을 강화하기 위해 매우 열심히 노력했습니다. 핵탄두의 수를 늘렸을 뿐만 아니라 다양한 운반체계를 만들어냈습니다. 중거리 스커드 미사일부터 시작해서 대륙간탄도미사일(ICBM)로 나아갔습니다. 이동식 ICBM은 미국의 요격 조치 등으로부터 생존할 가능성을 키우게 된 것입니다. 최근에는 SLBM 기술도 공개했습니다.

매우 공격적인 현대화이고 고도화입니다. 북한이 앞으로 극초음속미사일을 연구할 것이라는 점도 알고 있습니다. 북한은 아마도 정권의 최우선 과제로 핵 역량의 무기화를 택한 것 같습니다.

개프니: 120만 명의 현역 군인과 여러 대량살상무기 체계에 추가로 이런 일이 벌어지고 있는 것인데요. 저희는 북한의 다른 대량살상무기에 대해서는 핵무기만큼 알지 못합니다. 저희는 북한의 핵무기에 대해서도 충분히 알지 못하지만 생화학무기에 대해서는 더 모릅니다. 북한은 모든 수단과 방법을 다 사용하는 것처럼 보입니다.

정말 놀라운 점은 이런 일들이 스스로를 파산시킨 나라에서 일어나고 있다는 것입니다. 친구들을 통해 받는 도움, 그리고 자국민들의 끔찍한 가난을 통해 이런 일이 진행되고 있는 것 같습니다. 이런 군사 역량을 구축하는 것은 돈이 적게 드는 사업이 아닙니다. 북한은 완전 엉망진창입니다.

북한에 의한 끔찍한 수출

조셉: 북한의 국가 자원의 상당수는 핵 프로그램과 군대에 들어가고 있습니다. 언급했듯 수백만의 장병들이 무장을 하고 있는데요. 북한은 여러 이유에서 이와 같은 역량을 중요하게 생각하고 있습니다. 그중 하나는 수출입니다.

북한은 수십 년간 탄도미사일을 수출해 왔는데 저희는 북한을 미사일 제공자로만 봐서는 안 되고 핵 역량을 제공할 수도 있는 곳으로 봐야 합니다. 저는 북한의 관점에서 봤을 때 핵은 수출해서는 안 된다고 생각할 이유가 없다고 봅니다. 북한은 경제적으로 궁핍하고 파산한 정권입니다. 북한은 고객이 물건을 살 현금만 있다면 무엇이든 판매할 의사가 있다는 점을 보여 왔습니다.

개프니: 네, 맞습니다. 일부 국가들에는 매력적인 제안일 것 같습니다. 이런 인프라를 직접 건설하는 것에 따른 문제에 직면하기를 싫어하는 국가나 직접 이런 위험한 무기를 제작할 역량이 되지 않는 국가들이라면 말이죠. 저는 이로 인해 전세계가 더욱 위험한 곳이 돼가고 있다고 생각합니다. 북한이 직접적으로 가하는 위협에 추가로 이런 일들이 벌어질 수 있기 때문입니다. 북한 정권은 가장 끔찍한 정권 중 하나입니다. 그 어느 곳보다 자국민들을 잔혹하게 대합니다. 저는 자국민을 나쁘게 대하는 국가가 다른 사람들에게 대해서는 자비로울 가능성은 없다는 말을 자주 하고는 합니다. 이들의 주적(主敵)인 저희와 같은 사람들은 더욱 그렇겠죠.

미국은 북한으로 하여금 이런 행동을 멈추고 관련 무기들을 포기하도록 설득하기 위해 오랜 시간 노력해왔습니다. 그러나 성공적이지 못했죠. 트럼프 행정부의 경우는 (북한에 대한) 중국공산당의 도움을 막으려고 했지만 이 노력 역시 허사로 돌아갔습니다.

트럼프와 클린턴의 접근법

개프니: 우선 트럼프의 노력에 대한 이야기를 나누고 싶습니다. 저는 당시 (정책의) 유용성과 정직성에 의문을 갖고 있었습니다. 그렇기는 하지만 중국을 (북한으로부터) 끊어낸다는 장점은 있다고 생각했습니다. (중국이 미국을 위해 북한 문제를 도울 수 있다는 것은) 너무 오랫동안 지속돼 온 어리석은 생각이었고 말씀하셨듯 지금도 마찬가지인 것 같은데요. 이런 노력을 어떻게 평가하시는지, 이에 따른 결과는 무엇이었다고 생각하시는지 궁금합니다.

조셉: 우선 김씨 왕조에 대한 당신의 지적은 정확하다고 생각합니다. 북한은 자국민을 신경 쓰지 않습니다. 북한은 엘리트 계층을 먹여 살리고 정권을 유지하기 위해 다른 일반 국민들은 말 그대로 굶게 놔둘 수도 있다는 점을 보여줬습니다. 또한 북한 정권 유지를 가능하게 하는 것은 핵 프로그램과 광범위한 군사 역량인 것이죠.

트럼프 행정부의 접근 방식에 있어 저는 항상 매우 회의적이었습니다. 저는 협상을 추진하는 외교 현장에서 이런 접근법이 사용되는 것을 반복적으로 봐왔기 때문입니다. 저는 북한의 핵 프로그램을 멈추고 이를 비핵화하도록 하는 협상은 더 이상 불가능하다고 생각합니다. 미국의 공화당과 민주당 행정부는 수십 년간 이런 목표를 갖고 임해왔었는데요.

해변에 콘도를 지어준다거나, 북한을 21세기에 걸맞은 국가로 만들기 위한 경제 인센티브와 핵 프로그램을 맞바꾸자는 것인데 북한 지도부를 설득시킬 수 없는 조건입니다. 북한 지도부는 깡패 같은 정권이라는 점을 기억해야 합니다.

개프니: 네, 어떤 이는 북한을 범죄 집단이라고 부르기도 했는데요, 이런 정권과 잘 어울리는 일들은 아닌 것 같습니다.

조셉: 저는 이런 방식으로는 진전을 이뤄낼 수 없다고 생각합니다. 이는 트럼프 때만이 아니라 빌 클린턴 행정부 때로 돌아가 봐도 마찬가지입니다. 당시 1994년 (미-북) 제네바합의가 이뤄졌는데 미국은 매번 실패하면서도 항상 이렇게 말해왔습니다. "협상 테이블에 올려놓을 수 있는 무언가가 하나 더 있을 수 있다, 북한에 줄 수 있는 무언가가 하나 더 있을 것이다"라는 말이었습니다.

미국은 계속 양보에 양보를 더했고 북한은 이를 받아 갔습니다. 이런 상황은 북한에 제2의 생명줄을 제공해 자국민에 대한 억압과 끔찍한 대우를 이어가도록 하고 핵 프로그램을 계속 진행하도록 한 것입니다.

개프니: 네, 완전 말도 안 되는 이야기네요.

내부로부터의 정권 교체

개프니: 방금 언급하신 내용이 오늘 다룰 주제에 있어 매우 중요한 내용인 것 같습니다. 제가 당신을 존경해온 이유가 이런 관점 때문인데요. 당신은 북한 정권의 본질을 봐야 한다는 것의 중요성, 나아가 1994년 제네바합의 등 모든 협상이 결국 어떤 효과로 이어졌는지를 잘 이해하고 있습니다. (1994년 당시의 합의는) 엄청난 성과로 포장됐습니다. '우리 시대의 평화'를 달성했다고 말하는 사람도 있었는데요.

이 합의가 결국 어떤 상황으로 이어지게 됐는지, 또한 자국민을 굶어 죽게 만들 정도로 폭력적인 행동을 추구하며 약속을 지킬 어떤 의지도 없는 사람과 합의를 이뤄내는 것이 어떤 결과를 초래하게 되는지 설명해주시기를 바랍니다. 이런 방식의 접근법이 효과를 낼 수 있다고 보는 사람들은 이를 무시할 수도 있는데요.

조셉: 두 가지를 말씀드리겠습니다. 우선 북한은 지금까지 한 모든 합의, 제네바합의가 됐든, 남북 비핵화합의가 됐든, 모든 합의를 위반했다는 당신의 말씀이 옳습니다.

북한은 모든 합의를 위반했습니다. 북한의 이런 패턴을 확인했다면 자문(自問)을 해봐야 합니다. 북한을 어떤 합의에 동의하게 만든다면 북한이 이를 실제로 이행할 것 같은지를 생각해봐야 합니다.

전체주의적 정권의 특성을 봤을 때 저는 이에 대한 대답은 명확하게 '아니다'라고 생각합니다. 그렇다면 이 문제에 어떻게 접근해야 하는지를 물어보셨는데요. 제가 오랫동안 가져온 생각은 지금의 정권이 북한을 통치하고 있는 한 북한은 계속해서 핵 역량을 지켜나갈 것이고 이를 강화해나갈 것이라는 점입니다. 그렇다면 이 문제의 핵심은 핵 프로그램이라기보다는 정권 자체에 있다고 볼 수 있습니다.

개프니: 네, 맞습니다.

조셉: 저는 제 경험을 토대로 하나의 결론을 내렸는데요. 핵문제를 해결하기 위한 최선의 방법은 이 정권을 제거하는 것입니다. 이는 전쟁을 통한 정권 교체 방식이 아닙니다. 저는 한반도에서의 무장 충돌은 저희가 가장 바라지 않는 일이라고 생각합니다. 이에 따른 대가는 재앙적일 것입니다. 하지만 저희는 과거 소련 때처럼 (북한을) 봉쇄시킬 수 있습니다. 당시 소련은 수천 대의 미사일을 미국에 겨누고 있었다는 점을 기억할 필요가 있습니다. 미국은 소련 때와 마찬가지로 이들의 특정 역량을 봉쇄하고 부정할 수 있습니다. 미국은 인권 문제를 정책의 핵심으로 두고 이를 증진시킬 수 있습니다. 레이건 대통령이 한 것처럼 말입니다. 저는 이게 앞으로 나아가야 할 방안이라고 생각합니다. 왜냐하면 북한 정권은 주민들 사이에서 정당성을 인정받지 못하고 있기 때문입니다. 최소한 지금까지는 엘리트 계층의 충성심을 확보하고 있지만 일반 주민들의 상황은 다릅니다.

개프니: 바뀔 수 있다는 것이군요.

조셉: 네, 바뀔 수 있습니다. 미국은 이를 바꾸는 과정에서 적극적인 역할을 할 수 있습니다.

낡은 생각

개프니: 이런 문제를 언급해주셔서 감사합니다. 당신의 경력은 저보다 훨씬 뛰어나지만 저희는 커리어 초창기에 이를 직접 (정부에서) 경험했습니다. 레이건 행정부는 소련을 무너뜨리는 전략을 거침없이 추진했는데 미국의 여러 전임 정권이 다양한 방식으로 봉쇄 정책을 폈습니다.

소련과 외교적 관여를 할 수 있다, 혹은 소련과 데탕트를 구축할 수 있다는 생각에 빠져 시간을 낭비하기도 했습니다. 하지만 레이건 대통령이 당선되고 나서 매우 명확한 목표를 갖고 이를 추진해나갔습니다. 레이건 대통령의 유명한 말인 "우리는 이기고 저들은 진다(We win, they lose)"처럼 말이죠.

리비아에서의 당신의 경험 등을 감안하면 당신이 제시한 방향이 더욱 고무적이고 실현 가능성이 있는 것 같습니다. 북한과 같은 끔찍한 위협을 궁극적으로 봉쇄하고 제거하기를 원한다는 목표를 갖고 있다면 말이죠. 말씀하셨듯 소련에 대해서도 이를 해낼 수 있었다면 (소련에 비해) 비교적 쉬운 상대인 북한에 대해서도 충분히 해낼 수 있다고 생각합니다.

현재 주목을 받고 있는 사안은 북한 정권과 일종의 문서로 된 합의를 이뤄내는 데 집중할 때라는 의견이 나오고 있다는 점입니다. 이는 과거 실패한 6자회담이나 제네바합의 때보다 더 큰 문제를 야기할 수 있는데요.

미국 하원에 발의된 이른바 '한반도평화법안(H.R.3446)'에 담긴 내용에 대한 의견을 듣고 싶습니다. 만약 이런 법안을 통해 북한 정권과의 평화 선언, 혹은 평화협정이 체결되면 어떻게 될까요?

조셉: 우선 북한 문제에 있어 성공을 하기 위해서는 미국이 미국과 동맹을 방어할 수 있어야 한다는 점을 덧붙이고 싶습니다. 북한의 공격이 있을 경우 이를 이겨낼 수 있는 역량을 갖춰야 한다는 것입니다. 억제력과 관련해 미국은 핵 억제력을 강화해야 합니다. 미국의 정책 선언 등도 여기에 포함됩니다. 바이든 행정부가 반복적으로 진지하게 검토하고 있는 것은 '핵 선제불사용(No First Use)' 정책입니다. 이 정책은 미국의 적대국과 동맹국의 관점에서 봤을 때 미국의 핵무기가 주는 신뢰성에 전적으로 해로울 것입니다.

개프니: 네, 이 문제를 언급해주셔서 감사합니다. 바이든 행정부는 "핵 태세 검토는 '선제불사용'을 추진하려는 것이 아니라 '단일 목적'이라는 전략을 추진하려고 하는 것"이라고 말하며 손을 대려고 하고 있습니다(注: 선제불사용은 핵 공격을 당하지 않는 한 먼저 핵을 쓰지 않는 것을 의미하며 단일 목적은 핵공격을 억제하기 위해서만 핵무기를 사용한다는 것을 의미한다).

이 둘 사이에 도대체 무슨 차이가 있습니까? 왜 이 문제가 중요하다고 생각하십니까? 당신은 평생을 전장에서 보내왔습니다. 재래식 무기를 통한 공격이 있어도 핵무기를 사용할 수 있다는 입장을 유지하는 것이 왜 중요하다고 생각하십니까?

조셉: 바이든 대통령은 부통령이었을 때나 상원의원이었을 때나 항상 '선제불사용'을 지지했었습니다. '선제불사용'과 '단일 목적' 사이에 차이가 있다는 주장은 유치한 것 같습니다. 미국의 적과 동맹국들의 이해를 벗어나는 개념이기도 합니다. 대규모의 생화학무기 공격, 대규모의 재래식 공격이 있을 때 핵무기를 사용하는 선택권을 갖는 이유는 무엇입니까? 이는 억제력의 문제입니다. 적들로 하여금 저희에게 이런 재앙적 영향을 끼칠 행동에 나서지 못하도록 하는 것입니다.

개프니: 비용과 이익을 어떻게 계산하느냐는 문제인데요.

조셉: 네, 맞습니다. 비용과 이익, 그리고 위험을 계산하는 것이죠. 유럽과 아시아에 있는 미국의 동맹국들은 미국이 이런 조치를 취하지 않을 것을 한마음 한뜻으로 원하고 있습니다. 이에 따라 대가로 얻는 것은 아무것도 없습니다. 미국의 핵 보장 약속의 신뢰도를 훼손하고 불확실하게 만드는 일일 뿐입니다. 비확산 정책에 있어 미국에 가장 중요한 도구는 (미국이 동맹이 공격당하면) 핵을 보장한다는 저희의 약속입니다.

개프니: 미국의 동맹국들에 대한 공격을 막기 위해 핵 보장을 하지 못한다면 이들 국가는 자체적으로 신뢰할 수 있는 억제력을 갖추려고 할 것이고 자체적 핵무장도 하나의 방법이 되겠군요.

조셉: 네, 물론입니다. 앞서 의회에서 추진되는 (한반도) 정책을 언급하셨는데요. "적대 행위가 중단됐으니 (평화) 선언을 하자", "북한과의 평화협정을 체결하자"와 같은 주장은 거짓말입니다.

이는 아주 구식 사고방식입니다. 수십 년간 진행된 일들을 보면 이와 같이 낡고 실패한 아이디어가 계속 재활용된다는 것을 알 수 있습니다. 이번에는 H.R.3446이군요.

개프니: 이런 생각을 가진 사람들이 끊임없이 다시 등장하는 것 같습니다.

조셉: 이는 과거 공화당과 민주당 행정부 모두에서 지지를 받던 아

이디어입니다.

개프니: 그렇게 말하는 것이 공평하기는 하겠지만 저희는 이와는 달랐다고 차별화를 하고 싶습니다.

나쁜 생각은 사라지지 않는다

개프니: 바이든이 상원의원이었을 당시 했던 이야기를 언급해주셔서 감사합니다. 그는 급진적 좌파 단체인 '살만한 세계를 위한 위원회'의 초기 수혜자 중 한 명이었던 것으로 기억합니다. 저희는 군축 문제에 있어서 이와 같은 단체들과 오랫동안 싸워왔습니다. '살만한 세계를 위한 위원회'는 조 바이든이 처음 정치권에 발을 들였을 무렵 미국의 독자적인 무장 해제를 요구했습니다. 바이든은 초창기 때부터 이 단체의 지지자이자 수혜자였습니다. 이런 생각에 빠진 바이든의 실질적인 목적은 적을 비핵화하는 것이 아니라 미국을 비핵화하는 것입니다.

미국을 비핵화한다는 내용의 문제는 H.R.3446에서 추진되는 내용과 비슷한 것 같습니다. 만약 이를 지지하는 사람들의 바람대로 북한과 일종의 합의, 협정, 혹은 선언을 체결해 한국전쟁을 공식적으로 종료하게 된다면 어떤 상황이 실질적으로 발생할 것이라고 생각하십니까?

조셉: 우선 저는 로버트 게이츠 전 국방부장관의 말을 자주 인용하

지는 않는데, '바이든은 지난 40년간 모든 국가 안보 문제에 있어 틀렸다'고 한 그의 지적은 정확한 분석이었다고 생각합니다. 법안과 관련해 말씀드리자면 이런 아이디어에 대한 지지가 다시 이어지고 있는 것 같습니다. 재조명을 받고 있는 것인데요. 이에 따른 의미는 눈으로 보이는 것보다 훨씬 큽니다. 워싱턴을 비롯한 다른 나라의 수도를 보면 이런 나쁜 생각이 절대 사라지지 않는 것 같습니다. 저는 우선 이를 위해 어떤 대가를 치러야 하느냐는 질문이 제기될 것 같습니다. 북한은 이런 수사적 선언에 대해 매우 비싼 가격을 요구해왔습니다. 앞서 언급했듯 이들이 지킬 의지가 전혀 없는 종이로 된 약속에 따른 대가로 말이죠. 그런데 이는 북한의 핵 프로그램에 정당성을 제공하는 것이기도 합니다. 북한과 합의를 체결하는 것이기 때문입니다. 제가 트럼프 대통령의 접근법에 우려한 이유도 이 때문입니다.

이런 깡패 국가에 정당성을 주게 되고 미국에 대한 미국의 동맹국들의 신뢰성을 약화시킬 것입니다. 물론 한국의 문재인 전 정권은 아니었을 수도 있지만 말이죠. 이에 따라 얻을 수 있는 이익은 전혀 없습니다. 또 한 차례 같이 사진을 찍고 의미 없는 종잇조각에 서명을 하는 것 이외에는 말입니다.

위장 평화를 물리쳐야

개프니: 네, 맞습니다. 문재인 전 정권에 대한 이야기를 하자면 이 종잇조각이 한국의 방위태세에 엄청난 변화를 줬을 가능성이 있다

고 생각합니다. 한국에 주둔하고 있는 미군을 포함해서 말이죠. 이에 대한 의견을 듣고 싶습니다.

조셉: 저는 문재인 전 정권이 북한에 어떤 것도 대가로 받지 못하면서 계속 양보를 할 뜻이 있다는 점을 보여줬다고 생각합니다. 문재인 전 정권, 특히 정권 핵심 인사들의 배경을 보면 우려가 생길 수밖에 없다고 봅니다. 북한에 치우친 성향일 뿐만 아니라 반미(反美)적이기까지 합니다.

당신이 옳다고 생각합니다. 이런 거짓 행동에 이끌려 이른바 '평화협정'을 체결했을 수도 있다고 봅니다. 한국군의 국방 자원이 크게 줄어드는 결과로 이어졌을 것입니다. 오늘날의 한국군은 억제 측면에 있어 매우 중요한 역할을 맡고 있습니다.

저희에게 필요한 것은 또 한 장의 종잇조각이 아닙니다. 외교를 전략으로 삼는 것이 아니라 포괄적인 전략을 만드는 방향으로 나아가야 합니다. 외교가 이에 포함은 되겠지만 지금과 같은 우스꽝스러운 외교 방식은 안 됩니다. 앞서 언급했듯 북한의 역량을 부정하며, 확실한 방어 태세를 갖추고 신뢰할 수 있는 핵 억제력을 갖추는 방향이 돼야 합니다. 이런 것들이 전략이 되는 것입니다. 그동안 저희는 북한 정권이 끝날 때까지 이를 기다리고 행동으로 이를 고무시켜야 합니다.

개프니: 아멘. 저는 한국의 역량이 약화되는 것만 걱정되는 것이 아니라 문재인 전 정권은 주한미군을 철수하는 방안까지 추진했을 수

있다는 점이 우려스럽습니다. 그렇다면 북한이 원하는 게임이 되는 것인데 이것이 걱정됩니다. 이런 일들은 실현돼서는 안 됩니다. 저는 이 책 등이 북한의 공허한 약속, 북한의 위험한 공격으로 이어질 수 있는 사안 등을 명확하게 알게 되도록 하는 데 기여하기를 바랍니다.

이런 일이 일어나게끔 놔둘 수는 없습니다.

북한 정권의 본질을 강조해주시고 한반도의 진정한 평화에 대한 전망을 제시해주셔서 감사합니다.

프랭크 개프니의 요약

로버트 조셉은 오늘날 우리가 살고 있는 세상을 만든 사건들에 대해 놀라운 설명을 했다. 그는 핵 역량을 비롯한 현재 상황이 왜 지금의 상황에 처하게 됐는지에 대한 냉정한 평가를 했다.

그는 레이건, 클린턴, 부시 행정부에서 근무하며 핵이라는 선택과 관련해 우선순위가 어떻게 정해졌는지를 직접 경험했다. 그는 북한과 이란, 러시아, 파키스탄, 리비아 문제를 직접 다뤘고 이들과의 협상에도 여러 차례 참여했다. (그의 설명 중) 가장 유익했던 것은 북한과의 협상에 대한 이야기였다. 어떤 협상도 현재 우리가 직면한 핵 위협에 대한 긍정적인 해결책을 제시하지 못했다.

조셉은 2500만 명의 주민들은 북한에서 굶고 있는 가운데 북한 지도자는 더욱 정교화되는 무기 개발에 열중하고 있다고 했다. 북한의 최근 성과는 미국에 도달할 수 있는 ICBM에 추가로 SLBM 발사를 진행한 것이었다.

너무나도 많은 잘못된 추측이 수년간 이어져 왔다. 전세계는 중국이나 러시아가 민주주의 국가들과 함께 같은 노선으로 나아갈 수 있다고 오판했다. 사람들은 이들이 협력 관계에 나서고 세계의 이익을 위해 함께 할 수 있을 것이라고 생각했다. 그러나 이는 사실과는 거리가 멀다.

중국은 북한에 대한 영향력을 행사하고 있다. 기름과 식량과 같은 생필품을 제공하고 있다. 중국이 서방세계를 위해 (북한에) 이런 영향력을 행사하지는 않을 것이라는 점이 드러나고 있다. 조셉이 언급했듯, "나쁜 생각은 절대 사라지지 않는다."

워싱턴의 경우 사람들은 모든 일이 다 잘될 것이라는 단순한 생각을 갖고 일해 왔다. 2022년 3월 한국에서 치러진 대통령 선거에서 보수 성향의 대통령이 당선됐다. 그는 워싱턴과의 관계를 우선시하겠다고 했고 중국과 북한에는 과거와 같이 협조적이지 않을 전망이다.

미래는 모두에게 열려있다. 어떤 미래가 다가올지에 대한 로버트 조셉의 글로 마무리한다.

맺음말

오늘날 세계의 관심사는 우크라이나에 집중돼 있다. 미국과 서방세계는 명확하게 푸틴이 잔인한 침략을 하는 것을 막지 못했다. 피비린내 나는 참혹이 러시아의 만행을 보여주는 충격적 이미지와 결합해 유럽 현대사의 흐름을 바꿀 수 있는 사건이라는 결과로 이어질 가능성이 있다. 미국과 북대서양조약기구(NATO)를 압박하고 위협하기 위한 목적이었던 러시아의 핵 사용 위협은 미국의 지도부로 하여금 유럽의 안보 상황을 재정립하고, 새롭게 결합하고 확대될 가능성이 있는 나토를 관리하며, 동맹의 방위 및 억제 태세를 재건해야 한다는 것에 대한 긴급한 필요성을 더해준다.

하지만 미국의 리더십은 태평양 지역에서도 똑같이 중요해졌다. 아시아에서 미국을 대체하는 강대국으로 나서겠다고 밝힌 중국의 부상(浮上)에 따른 도전과제에 직면해 있다. 중국의 성공은 미국에 엄청나게 부정적인 정치적, 군사적 결과를 초래하게 할 것이며 우크라이나에서 러시아가 승리하는 것보다 더 큰 결과를 가져올 것이다. 쉽게 말해 억제 실패의 대가는 유럽에서보다 (아시아에서) 더 클 것이다.

미국의 리더십이 러시아와 중국을 막는 데 실패하게 된다면 우크라이나에서의 푸틴의 전쟁 이후 북한으로 하여금 두 개의 위험한 결론을 내리도록 할 것이다. 하나는 러시아의 핵 위협이 우크라이나에 필요한 서방세계의 지원을 막는 데 성공했다는 결론을 내리는 것이다. 이로 인해 북한이 비슷한 방식을 택할 가능성이 커지게 된다. 북한은 핵 위협이 목표 달성에 가장 중요한 도구라고 스스로를 설득하게 될 가능성이 있다.

두 번째는 미국이 우크라이나의 영토 보전과 주권을 보호한다는 안보 공약을 포기할 의사를 보이게 되면 북한의 공격이 있을 시 미국이 아시아 동맹국에 대한 안보 공약 역시 저버릴 수 있다는 판단을 북한이 내릴 수 있다는 것이다. 이 두 개의 결론 모두 억제력을 약화할 것이며 한반도에서의 전쟁 가능성을 키울 것이다.

러시아와 중국, 북한의 경우는 힘과 무력이 이들의 목표 달성에 중요한 요소로 작용한다. 서방세계에서 매우 중요시되는 국제 규범에 반하는 행동을 취하는 것을 꺼리지 않을 것이다. 이들에게 있어 나약함은 도발을 유발한다. 미국은 동맹국들과 함께 침략에 맞설 의지와 역량이 있다는 점을 알리기 위한 힘과 리더십을 이들 국가에 보여줘야 한다.

- 로버트 조셉 -

독재자와 산다는것

발행일 2023년 3월 1일
지은이 (사)한미자유안보정책센터(KAFSP)
발행처 주식회사 케이씨펙(KCPAC)
번 역 김영남
주 소 서울특별시 종로구 종로 19, 르메이에르 종로타운 A동 1801호 (우03157)
전 화 02)792-9871
팩 스 02)792-9870

ISBN 979-11-977235-1-3(93340)